Andreas Buhr
Wolfgang Müller

go! Die Kunst das Leben zu meistern

Andreas Buhr
Wolfgang Müller

go! Die Kunst das Leben zu meistern

Die Deutsche Bibliothek – CIP-Einheitsaufnahme
Buhr, Andreas:
go! Die Kunst das Leben zu meistern / Andreas Buhr; Wolfgang Müller.
Mit Illustrationen von Markus Lüpertz.
3. aktual. Auflage
go! Live-Verlag, Düsseldorf, 2016
ISBN: 978-3-9812161-2-7

Illustrationen von Markus Lüpertz, Düsseldorf
Redaktion: text-ur text- und relations agentur, Dr. Gierke, Köln,
www.text-ur.de
Umschlaggestaltung: www.text-ur.de, Köln, unter Verwendung einer
Illustration von Markus Lüpertz
Gestaltung und Satz: www.text-ur.de, Köln
Druck: Warlich Druck Meckenheim GmbH, www.warlich.de
Printed in Germany
ISBN: 978-3-9812161-2-7

Inhaltsverzeichnis

Vorwort   9
Von Prof. Dr. Lothar Seiwert

1. Das elementare Ziel: Ein Leben im Gleichgewicht   11

1.1. Da kommt eins zum anderen: die Sogwirkung von guten
     und schlechten Ereignissen   12

1.2. Das hohe Gut der inneren Harmonie: Sie fassen Tritt   13

1.3. Hohe Ziele statt übertriebene Erwartungen:
     Weniger ist häufig mehr   14

1.4. Das Rad des Lebens: Ohne Kommunikation läuft nichts   15

1.5. Gleich wichtig – gleich stark: die harmonischen Fünf   16

1.6. Es ist Ihr Rad – pflegen Sie es   19

1.7. Alles Ansichtssache: Die Einstellung entscheidet   24

2. Der Weg ins Glück: Meilensteine der Selbsterkenntnis   33

2.1. Achtung Steinschlag – machen Sie sich auf allerhand
     gefasst   33

2.2. Den Sinn suchen – das Glück finden   34

2.3. Du lieber Gott – nehmen wir uns ein himmlisches Beispiel   37

2.4. Ganz Sie selbst – in allen Facetten   38

2.5. Wo kommen Sie her – wo gehen Sie hin?   39

2.6. Ganz Ohr für sich selbst – Sie wissen mehr als Sie denken   44

2.7. „Ein paar Tage nur für mich": entspannt zu neuen Ufern   50

3. Gesunde Vitalität: Die Quelle für Kraft und Wohlbefinden   **53**

3.1. Ernährung: Du bist, was Du isst   54

3.2. Rundum wohlfühlen: durch Power à la Carte   56

3.3. Alles Einstellungssache – ein schwieriges Verhältnis   68

3.4. Präzise nach Programm: in drei Stufen zum Erfolg   72

3.5. Voll in Aktion – mehr Bewegung braucht der Mensch   77

3.6. Alles Gute für die Gesundheit: Sich regen bringt Segen   80

4. Das organisierte Ich: Stressfrei den Alltag bewältigen   **87**

4.1. Gesetz 1: Setzen Sie auf sich selbst   88

4.2. Gesetz 2: Mut zur Entscheidung und zur Konsequenz   88

4.3. Gesetz 3: Kursbestimmung als Orientierungshilfe   89

4.4. Gesetz 4: Setzen Sie Prioritäten   96

4.5. Gesetz 5: Geschwindigkeit ist relativ   102

4.6. Gesetz 6: Erfolgstagebuch – das Mittel der Motivation   112

4.7. Gesetz 7: Neue Wege mit Methode   113

5. Soll und Haben: Geld-Werte Vorteile   **117**

5.1. Brauchen, wollen, genießen: Geld ist auch eine Charakterfrage   117

5.2. Wie steht's mit dem Geld? – Machen Sie Kassensturz   121

5.3. Sparsam, aber nicht auf Sparflamme – die Kunst der Kostenplanung   126

5.4. Der Charme des Mehr: Wie Sie bekommen, was Sie wert sind   128

5.5. Erwerben und behalten: Geld für jetzt und später · 135

6. Von Mensch zu Mensch: In jeder Beziehung offen und ehrlich · 143

6.1. Beziehungen halten Sie im Gleichgewicht – balancieren Sie gekonnt · 144

6.2. Beginnen Sie bei sich – ohne Sie geht es nicht · 146

6.3. Sie und die anderen: gegen- und miteinander · 153

6.4. Zwei Menschen, zwei Meinungen: Zählen Siege oder Erfolge? · 161

6.5. Pflegen Sie Ihre Beziehungen – dann können Sie darauf zurückgreifen · 163

6.6. Aktiv aufeinander zugehen – Bahn frei für die Kontaktaufnahme · 168

7. Neue Perspektiven: Verbesserung durch Veränderung · 173

7.1. Gelebte Visionen: die Strategie Ihres Handelns · 174

7.2. Auswirkungen auf die Umwelt: Sie übernehmen die Führung · 175

7.3. Der Glaube versetzt Berge: der Anstoß für unser Tun · 177

7.4. Aufgeben und Gewinnen: Alles hat seinen Preis · 178

Literaturverzeichnis · 182

Danksagung · 185

Vorwort

Keine Zeit, immer auf dem Sprung, rund um die Uhr erreichbar: Unser Leben ist ein Nonstop-Programm und *Tempo* das alles entscheidende Kriterium. Nur wer permanent in Eile ist, gilt auch als engagiert und erfolgreich. Multitasking prägt unseren hektischen Alltag so selbstverständlich, dass es uns kaum mehr auffällt. Stress und Termindruck werden gleichgesetzt mit Produktivität und Leistungsfähigkeit.

Doch: Wer nie *Zeit* hat, an dem rast das Leben vorbei. Wer in unserer High-Speed-Welt glücklich und letztlich auch erfolgreich sein will, muss den Speedway regelmäßig verlassen. Es gilt, Rhythmus statt Tempo zu leben: Gas zu geben, wenn nötig und zurückzuschalten, wann immer es möglich ist. Der Weg zu einem erfolgreichen und glücklichen Leben führt immer über die ausgewogene Balance zwischen den Dingen, die unser Leben ausmachen: Beruf, Beziehungen, Gesundheit, Ziele und Sinn.

Balance können wir nur fühlen, wenn wir unser Leben als stimmig und sinnvoll empfinden: Diese Erkenntnis steht im Mittelpunkt des wirklich lesenswerten Buches von *Andreas Buhr* und *Wolfgang Müller*. Sinn sehen, in dem was man tut, das ist der entscheidende Unterschied zwischen leben und gelebt werden. Ein sinnerfülltes Leben kann nur der führen, der seine wahren Werte kennt und sich von ihnen leiten lässt. Denn: Wer Sinn findet, hat auch die Kraft, seinen Weg zu gehen und seine Ziele zu verwirklichen.

Kompetent und erfrischend klar zeigen die Autoren, wie jeder für sich erkennen kann, was ihm wirklich wichtig ist.

Sie machen mit diesem Buch Mut, ehrlich über seine ganz persönlichen Prioritäten und Ziele nachzudenken und seine Träume und Visionen Schritt für Schritt wahr werden zu lassen. Kurzum: Sie erfahren alles, was Sie wissen müssen, um ausgetretene Pfade zu verlassen, neue Perspektiven zu entdecken und so das Beste aus Ihrem Leben zu machen!

Füllen auch Sie Ihre Zeit mit Sinn und Leben! Jagen Sie nicht länger Dingen nach, die Ihnen im Grunde genommen nichts bedeuten. Nutzen Sie diesen Praxis-Ratgeber als motivierende Orientierungshilfe und zuverlässigen Leitfaden, um die richtige Balance zu finden: *Wenn nicht jetzt – wann dann?*

Prof. Dr. Lothar Seiwert
Bestsellerautor, Keynote-Speaker, www.Lothar-Seiwert.de

Einleitung

1. Das elementare Ziel: Ein Leben im Gleichgewicht

Vielleicht ist es Ihnen schon so gegangen – und wenn nicht, dann wird es unter Garantie eines Tages so weit sein: Eines Morgens wachen Sie auf – und in Ihrem Kopf rotieren nur noch zwei Fragen. Die Frage nach dem „Warum" und die Frage nach dem „Wohin". „Warum habe ich mein Leben bisher so und nicht anders geführt?", „Warum steht es um mich so, wie es gerade ist?" und „Wo wird mein Leben hinführen?", „Wohin rollt mein Lebensrad?", „Wie kann ich besser bestimmen, wohin mein Leben läuft? Welche Richtung es einschlagen, auf welches Ziel es zulaufen wird?"

Kurz: Haben Sie sich in der Vergangenheit schon einmal ernsthaft mit dem Lauf Ihres eigenen Lebens auseinandergesetzt? Wollten Sie etwas über den Sinn und Zweck der eigenen Existenz erfahren? Hatten Sie je das Bedürfnis, Ihre persönliche Zukunft neu zu ordnen und zu optimieren? Wenn Sie es noch nicht getan haben, wird der Moment kommen, in dem Sie sich das wünschen. Und genau dafür ist dieses Buch da. Es wird Sie in dieser Auseinandersetzung begleiten. Es wird an Ihrer Seite sein, wenn Sie die verschiedenen Aspekte Ihres Lebens – wir bezeichnen diese als die Speichen Ihres Lebensrades – untersuchen und diese Speichen stärken werden, damit Ihr Lebensrad rund läuft.

Wenn solche Gedanken bisher in Ihrem Leben noch keine Rolle gespielt haben, dann mangelte es Ihnen vermutlich an der Gelegenheit, der Zeit dafür. Denn – wenn wir ehrlich sind – einen Anlass oder Grund dafür gibt es immer! Nichts sollte Ihnen so wichtig sein, wie Ihr eigenes Leben, wie diese Chance, die Sie JETZT haben, sich selbst und andere glücklich zu machen.

Wenn Sie also bisher keine Zeit für solche Überlegungen hatten – sich genommen haben –, dann heißt das nur, dass Sie ihnen keine Priorität eingeräumt haben. Vielleicht haben Sie sich ein bisschen mehr „leben lassen", als dass Sie selbst gelebt haben. Das geht vielen so, das ist also nicht „schlimm". Wichtig ist nur, dass Sie diese Haltung erkennen und sie überwinden:

„Das Meisterstück eines Menschen, auf das er besonders stolz sein kann, ist sinnvoll zu leben; alles Übrige wie regieren, Schätze sammeln, Bauten errichten, sind Nebensachen."
Michel Eyquem de Montaigne

- Vielleicht ist Ihr Leben bisher, wie bei den meisten Menschen, in festgefügten Bahnen verlaufen. Routiniert, unaufgeregt und – zugegeben – oft ein bisschen langweilig. Aber damit teilen Sie das Los unzähliger anderer. Geld verdienen, Karriere machen, eine Familie gründen, ein Haus bauen, jedes Jahr in Urlaub fahren, ein großes Auto fahren. Was man eben so braucht.
- Möglicherweise verhält es sich auch anders: Sie sind von der Zielstrebigkeit in den Übereifer geraten. Jetzt haben Sie das Gefühl, in den immer schnelleren, dichteren Anforderungen des Berufslebens den Kontakt zu Ihrem eigenen, eigentlichen Leben verloren zu haben. Besteht es nur noch aus Arbeit?

Denkanstoß:
Geld verdienen, Karriere machen, sich etwas leisten – soll das schon alles gewesen sein? Leben Sie, um in den Pflichten (für andere) aufzugehen? Oder leben Sie, um Ihre Chance zu nutzen, glücklich zu sein und auch anderen Menschen Glück zu bringen?

Die Diagnose im einen wie im anderen Fall: Ihr Leben ist aus dem Gleichgewicht geraten. Vielleicht ist Ihnen das schon länger bewusst. Oder Sie denken jetzt: Wenn ich nur erst die Gehaltserhöhung bekommen habe, das Haus abbezahlt, die Kinder gut durch die Ausbildung gebracht, ja dann ...
Was dann?
... kümmere ich mich um meine Gesundheit? ... schlage ich beruflich einen neuen Weg ein? ... starte ich noch einmal richtig durch? ... habe ich wieder Zeit für meinen Partner?
Nein, das sind doch nicht Sie! Sie schieben das alles nicht vor sich her! Das muss doch anders gehen, glücklicher, reicher, lebendiger – schon jetzt. *Das* wollen Sie.
Da haben Sie recht. Sparen Sie sich die Sinnkrise und packen Sie Ihr Leben jetzt richtig an. Geben Sie ihm Schwung. Wir sind an Ihrer Seite – schließlich haben wir das ganze Buch für Sie geschrieben!

1.1. Da kommt eins zum anderen: die Sogwirkung von guten und schlechten Ereignissen

Wir können unser Leben nicht beliebig aufteilen wie einen Kuchen. Uns erst um das eine, dann ums andere Stück kümmern. Denn jeder Lebensbereich (wir kommen später darauf zurück) ist gleich wichtig. Und jeder beeinflusst den anderen. Im Schlechten wie im Guten. Erfolg im Beruf führt – bei vernünftigem Umgang mit dem Geld – zu vermehrten Möglichkeiten, das Leben zu gestalten. Wir können das Leben entspannt angehen und sind locker im Umgang mit unserer Umwelt. Das macht uns attraktiv für andere erfolgreiche Menschen, mit denen wir unser persönliches Weiterkommen weiter steigern können. Wir sind in der Lage, uns einen Trainer zu leisten, der uns hilft, den Körper fit zu halten. Und wir haben die Zeit, uns um die Themen zu kümmern, die uns wirklich wichtig sind.

Sie brauchen tatsächlich nichts auf später zu vertagen. Lassen Sie lieber jeden Lebensbereich den anderen stützen und im Gleichgewicht halten. Dann erleben Sie Ihren Alltag als Höhenflug aus der Gewinnerperspektive.

Das Prinzip „Gleiches zieht Gleiches an" wirkt immer. Mit anderen Worten: Wer eine Glückssträhne erwischt hat, trifft geradezu unvermeidlich auf ebenso erfolgreiche Leute und Ereignisse. Wem dagegen das Pech an den Fingern klebt, hat in der Regel mit Zeitgenossen zu tun, die sich in einer ähnlichen Lage befinden.

Denkanstoß:
Probleme besitzen einen Magneteffekt, der Schwierigkeiten in anderen Lebensbereichen nach sich zieht – das Gleiche gilt für Erfolge. „Geld kommt zu Geld" oder „Der Teufel sch... immer auf den größten Haufen", das hat der Volksmund ebenso derb wie weise formuliert. Wer nach Erfolg aussieht, wer so lebt, als ob der Erfolg unausweichlich sei, wird ihn auch bekommen! Und damit ist nicht nur der Gelderfolg gemeint!

1.2. Das hohe Gut der inneren Harmonie: Sie fassen Tritt

Gerät nur ein Bereich unseres Lebens aus dem Gleichgewicht, ist die gesamte Balance gefährdet. Ein echter Teufelskreis: Konzentrieren wir uns zu sehr auf den Beruf, bleibt zu wenig Zeit für die Familie. Jagen wir nur dem Geld hinterher, vergessen wir unsere Freunde. Vernachlässigen wir uns selbst, macht der Körper schlapp. So führt ein Problem in einem Lebensbereich zu neuen Schwierigkeiten in allen anderen Gebieten. Ehekrisen lenken von der Arbeit ab; Ärger im Job bringt Geldsorgen, die wiederum Magengeschwüre hervorrufen. Die Erkrankung belastet die Beziehung – und so fort. Am Ende gerät unser Leben aus der Spur wie ein Rad mit gebrochenen Speichen.

Was aber ist zu tun, um unser Lebensrad rundlaufen zu lassen? Wir sollten allen Bereichen unseres Lebens die erforderliche Aufmerksamkeit und Pflege zukommen lassen. Damit schaffen wir eine wichtige Voraussetzung dafür, das nötige Gleichgewicht im Zusammenspiel der maßgeblichen Faktoren herzustellen. Gut zu wissen: Das können Sie auch! Völlig unabhängig davon, in welcher Lebenslage Sie sich aktuell befinden. Ganz gleich, ob es darum geht, ein aus der Spur geratenes Rad wieder in den Gleichlauf zu bringen, die persönliche Entwicklung voranzutreiben oder unser Leben bunter und vielseitiger zu machen – Sie haben immer die Chance, die eigenen Fähigkeiten und Stärken zu entdecken, zu fördern und gezielt zu nutzen. Mit dem Ziel, durch Ausgewogenheit mehr Qualität in Ihr Leben zu holen.

1.3. Hohe Ziele statt übertriebene Erwartungen: Weniger ist häufig mehr

Ein überhöhter Erwartungsdruck ist eine wesentliche Ursache für das Ungleichgewicht im Leben. Stressforscher wissen: Zu hohe Erwartungen kosten so viel psychische und physische Energie, dass unser Immunsystem seine Abwehrkraft verlieren kann. Auch die Traumaforschung geht von unausweichlichen negativen Spätfolgen aus. Besonders gefährdet sind Menschen mit einem Hang zum Perfektionismus und der Bereitschaft, sich extrem zu engagieren. Sie laufen Gefahr, Opfer des Burnout-Syndroms zu werden – sie brennen buchstäblich innerlich aus. Mit dauerhaften Schäden für Körper, Geist und Seele.

"Ich bin nicht, was die Menschen von mir halten. Mich drücken ihre Erwartungen." Heinrich von Kleist

Gerade in der heutigen Zeit sind die beruflichen Anforderungen höher als je zuvor. Noch dynamischer, noch smarter, noch durchsetzungsfähiger lautet die Parole. Und wehe, wir erfüllen die Erwartungen des Unternehmens nicht. Wer sich nicht auf die Forderungen einlässt, ist schon bald nicht mehr gefragt.

In Beziehungen – seien sie nun privater oder beruflicher Natur – sieht die Sache nicht anders aus: sehr viele – teils einander widersprechende – Anforderungen werden an Sie gestellt. Die Frau wünscht sich den idealen Ehemann, den humorigen, verständnisvollen, gutverdienenden Allesversteher und fürsorglichen Kindsvater, der Mann die perfekte Hausfrau, die liebevolle Mutter und die attraktive Geliebte. Die Kinder kommen mit üppigen Wunschpaketen daher, die ohne Kredite kaum noch zu bezahlen sind. Und dabei wünschen sie sich gleichzeitig, dass wir so viel Zeit wie möglich mit ihnen verbringen.

Der Kreis lässt sich beliebig erweitern. Man möchte mit den Nachbarn gleichziehen, die Verwandtschaft übertrumpfen, den Kollegen zeigen, was man hat. Und schneller, als man meint, werden die zahlreichen Erwartungen zu Mühlsteinen, die uns taumeln lassen. Umso wichtiger ist es, sich zu entscheiden: Worauf will ich meine Energie verwenden und wie setze ich meinen Entschluss um? Denn Jammern und Klagen bringt uns nicht weiter. Besser ist, die eigene Lebensart zu akzeptieren und als persönliche Herausforderung anzunehmen. Die Anregungen und Tipps in diesem Buch werden Ihnen dabei helfen. Und Sie können gleich aktiv werden: Wir haben Übungen eingebaut, die Sie dabei unterstützen, Ihre Fähigkeiten zu trainieren.

1.4. Das Rad des Lebens: Ohne Kommunikation läuft nichts

Kaum eine andere technische Erfindung versinnbildlicht so anschaulich das Prinzip von Ausgeglichenheit, Bewegung und Perfektion: Das Rad lässt sich nicht verbessern. Deshalb bietet es sich als Vorbild für den Lauf des Lebens an.

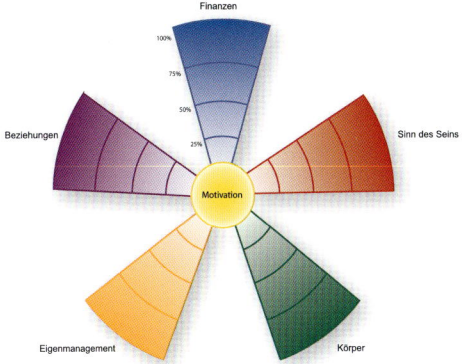

Wie Sie sehen, besteht die Grundstruktur des Lebensrades aus fünf Bereichen, die als Speichen dargestellt werden.
1. Sinn des Seins
2. Körper
3. Eigenmanagement
4. Finanzen
5. Beziehungen

Die fünf Speichen des Rades laufen in der Nabe zusammen:
6. Motivation

Von dieser Nabe aus wird der Antrieb auf das Rad übertragen, so dass Energie in das System gelangt und die Speichen wachsen können. Auf der anderen Seite sind die Speichen über die Lauffläche verbunden. Diese bildet gleichzeitig die Verbindung zur Außenwelt und kann ganz unterschiedlich beschaffen sein. Mal ist es ein einfacher Eisenring, mal ein hochmoderner Formel-1-Pneu. Abhängig davon bietet das Rad auch einen ganz unterschiedlichen Reisekomfort.

Bezogen auf das Leben symbolisieren Nabe und Lauffläche unsere Kommunikation. Die Lauffläche ist das Medium nach außen und gibt vor, wie komfortabel und schnell wir durch das Leben kommen. Die Achse versinnbildlicht die innere Kommunikation. Hier stecken unsere Impulse, unsere Motivationen, die uns handeln und Energie in die Speichen stecken lassen. Die Energie, die durch die Nabe in das Rad gelangt, wird durch die Speichen geführt und in die Lauffläche gelenkt. Die Erschütterungen der Lauffläche wiederum nehmen den umgekehrten Weg über die Speichen zurück zur Nabe.

Daher gilt der Satz: Die Qualität unserer Kommunikation bestimmt die Qualität unseres Lebens. Denn der gute Umgang mit uns selbst gibt uns die Energie zu Wachstum und Vorwärtsbewegung. Der gute Umgang mit anderen lässt uns leichter durch das Leben gleiten und die Hindernisse nahezu unbeschadet überwinden.

1.5. Gleich wichtig – gleich stark: die harmonischen Fünf

„Wir verlangen, das Leben müsse einen Sinn haben – aber es hat nur ganz genau so viel Sinn, als wir selber ihm zu geben im Stande sind."
Hermann Hesse

Obwohl uns jeder der fünf genannten Bereiche vor unterschiedliche Anforderungen stellt, ist ihnen allen eins gemeinsam: Sie sind die Basispfeiler für unsere Lebensgestaltung und Zufriedenheit. Ihre gemeinsame Schwachstelle: Wird nur ein einziger Bereich vernachlässigt, treten auch in den anderen Bereichen Probleme auf.

Bleiben wir beim Bild der Speichen. Von ihrer gemeinsamen Verankerung – unseren Antriebskräften, den Motivationen – gehen die Impulse auf die Speichen über. Erst wenn wir genau wissen, was wir anstreben und hartnäckig unser Ziel verfolgen wollen, kommt das Rad in Schwung.

Am rundesten läuft das Lebensrad dann natürlich, wenn alle Speichen gleich lang und gleich stark ausgeprägt sind. Erst wenn sämtliche Komponenten zueinander passen, geht es ohne Holpern und Rumpeln vorwärts. Doch manchmal müssen wir – für eine Zeitlang! – Unwucht in Kauf nehmen, weil besondere Anforderungen gestemmt werden müssen. Vielleicht müssen Sie Ihrer Gesundheit besondere Aufmerksamkeit widmen oder Sie brauchen deutlich mehr Geld. In einem einzigen Fall

– und nur dann – müssen Sie sogar ganz bewusst Unwucht ins System bringen: Wenn Sie Wachstum anstreben. Denn manchmal muss man höher springen, um weiter sehen zu können. Diese Energie müssen Sie dann für eine gewisse Zeit aufwenden, und das bringt Unwucht ins Rad. Auf die lange Frist aber kann nur so die richtige Balance gefunden werden, niemand kann gleichzeitig an ALLEN Speichen des Rades arbeiten! Dann rollt es gar nicht mehr.
Schauen wir uns die einzelnen Speichen näher an.

Die sinnvolle Lebensperspektive: Die Antwort auf das „Warum" ist entscheidend

In dieser Speiche fokussiert sich alles auf die Kernfragen des Lebens. Also genau die, welche wir uns am Anfang dieses Kapitels gestellt haben. Die Frage nach der Lebensperspektive hat allerdings weder etwas mit Esoterik noch mit romantischer Verklärung zu tun. Es geht um etwas überaus Handfestes – nämlich darum, eine stabile Basis für unser künftiges Handeln zu schaffen. Erst ein sinnvoll beantwortetes „Warum" und „Wofür" bringt unser Rad perfekt in Schwung, denn je überzeugender der Sinn, desto besser das Engagement und die Ergebnisse.

Ein gesunder Körper: Leistungsfähigkeit braucht Fitness

Auch wenn wir es oft nicht wahr haben wollen: Nur mit einem intakten und leistungsfähigen Körper können wir unsere Visionen verwirklichen und unsere Ziele erreichen. Nur ein Körper mit entsprechender Fitness und Energie befähigt uns zu Spitzenleistungen. Wobei moderne Wissenschaftler bestätigen, was die alten Römer schon längst wussten: Mens sana in corpore sano – ein gesunder Körper bietet tatsächlich eine gute Voraussetzung für einen gesunden Geist.
Beruflicher Erfolg ist heutzutage unabdingbar mit Gesundheit und guter Kondition verknüpft. Beides steht für positive Ausstrahlung und Überzeugungskraft. Dabei liegt es ganz in unserer Hand, was wir aus unserem Körper machen. Eine Quelle für unerschöpfliche Power und Lebenslust oder ein dumpfes Verlies, in dem wir bis zum Tode eingesperrt bleiben. Schenken wir darum unserem Körper die Aufmerksamkeit, die er braucht. Pflegen wir ihn gut, geben wir ihm ausreichend Bewegung und ernähren wir ihn gesund und ausgewogen. Auf dass er uns lange in Top-Form erhalten bleibt. Dann haben wir die zweite Speiche gestärkt.

„Ein Mann, der seine Gesundheit nicht pflegt, ist wie ein rostiger Pflug."
Spanisches Sprichwort

Ein stimmiges Eigenmanagement: ganzer Einsatz für den persönlichen Erfolg

Tagträumer haben keine Chance, ihre Wunschbilder und Ziele zu realisieren. Das gelingt nur, wenn wir lernen, Verantwortung zu übernehmen und Entscheidungen zu treffen.

Denkanstoß:
Was nützen die sinnvollsten Ziele und die (weitestreichenden) Visionen, wenn wir sie nicht in konkretes Handeln umsetzen können?

Der erste Schritt in diese Richtung: der Entschluss, aus unserer persönlichen Komfortzone auszubrechen. Dieses „Runter-vom-Sofa" katapultiert uns heraus aus dem einschläfernden und doch so zermürbenden Routine-Kreislauf.

Für die dritte Speiche sind wir gefordert, Signale neu zu setzen. Es ist an der Zeit, den persönlichen Fahrplan selbst zu gestalten. Denn auch hier gilt: Wer neue Wege gehen will, muss die ausgetretenen Pfade verlassen. Anders bekommen wir keine Schubkraft, um innovative Ideen praktisch umzusetzen.

Eine geregelte Finanzlage: Geld braucht der Mensch zum Leben

„Geld ist jener sechste Sinn, der den Genuss der anderen fünf erst möglich macht."
Orson Welles

Ob es uns gefällt oder nicht: Wir leben in einer Welt, die sich an materiellen Werten orientiert. In irgendeiner Form unterliegt jeder von uns kommerziellen Zwängen. Dabei ist es wenig hilfreich, den schnöden Mammon zu verfluchen. Denn bedenken Sie: Oft genug hindert uns Geldmangel daran, unsere Wünsche zu verwirklichen. Das muss gar nicht die Kreuzfahrt auf dem Traumschiff sein oder der Zweit-Ferrari oder das Ferienhaus in der Toskana.

Auch wer bedürftige Menschen fördern, die Umwelt schützen oder bedrohten Tieren helfen will, benötigt dafür Kapital. Wenn wir uns also nicht schon frühzeitig von all unseren Vorstellungen und Plänen verabschieden möchten, führt an folgender Tatsache nichts vorbei: Wir müssen beizeiten unsere finanzielle Situation regeln – die vierte Speiche.

Ein intaktes Beziehungsnetzwerk: Ohne soziales Miteinander sind wir verloren

Der Mensch ist ein soziales Wesen. Wer allein ohne die Zuwendung anderer lebt, verkümmert. Auch für das Erreichen unserer Ziele brauchen wir die Unterstützung anderer Menschen. Wir sind auf den geistigen Austausch angewiesen, wir benötigen den Dialog und das emotionale Feedback. Das gilt nicht nur für das Privatleben, sondern auch für das berufliche Miteinander. Wurde in den Unternehmen früher vorwiegend auf hierarchische Strukturen gesetzt, ist heute eine Neuorientierung angesagt.

Spätestens seit der Begriff der „Sozialen Kompetenz" in die Forschung über die Arbeitswelt Einzug gehalten hat, wird der Einfluss des richtigen Umgangs mit Kollegen, Vorgesetzten und Geschäftspartnern auf den Erfolg allgemein anerkannt. Um gemeinsam an einem Strang ziehen zu können, sollte solch ein Beziehungsnetzwerk unbedingt fest geknüpft sein.

Nicht anders ist es im privaten Bereich. Wer einmal erlebt hat, wie ein funktionierendes Beziehungsgeflecht in der Ehe oder im Freundeskreis geholfen hat, eine berufliche Krise zu überstehen, wird sich stets daran erinnern. Wir brauchen auch die fünfte Speiche, damit es rund läuft.

> „Wenn es ein Erfolgsgeheimnis gibt, ist es die Fähigkeit, sich auf den Standpunkt des anderen zu stellen und die Dinge von seiner Warte aus zu betrachten."
> Henry Ford

1.6. Es ist Ihr Rad – pflegen Sie es

Hilfe, mein Lebensrad spurt nicht mehr: Vorbeugen ist besser als klagen

Wenn unser Lebensrad harmonisch läuft, steht alles zum Besten. Was aber, wenn aufgrund von Problemen eine der fünf Speichen defekt ist oder gar ganz wegbricht? Das kann ein Sportunfall sein, der den beruflichen Höhenflug für Monate unterbricht, oder ein Schuldner, der zahlungsunfähig wird. Unter solchen Belastungen kann die private Partnerschaft zu kriseln beginnen. Oder man konzentriert sich darauf, „zu retten, was zu retten ist", obwohl vielleicht ein mutiger Schnitt und Neustart besser wäre.

Im Anfangsstadium einer solchen Entwicklung merken wir noch nicht, dass auch die anderen Lebensbereiche beeinträchtigt werden. Aber nach und nach stellen wir fest: Das Rad rollt nicht mehr so, wie es sollte. Je schwieriger das Gelände wird, desto auffälliger macht sich die Unwucht bemerkbar. Noch fangen die anderen Speichen die Zusatzbelastung ab, doch schließlich geht es nicht mehr weiter. Speichenbruch auf der ganzen Linie; an ein Fortkommen ist nicht mehr zu denken. Also ab in die Werkstatt oder – wenn der Schaden irreparabel ist – her mit einem neuen Rad. Aber können wir auch ein neues Leben kaufen? Lassen Sie es nicht so weit kommen. Um einem möglichen Crash vorzubeugen, sollten Sie das Rad samt Speichen einer regelmäßigen Inspektion unterziehen.

Wie Sie das machen können, zeigt Ihnen die folgende Übung. Viel Spaß dabei – wir sehen uns gleich wieder.

Übung
Analysieren Sie die Speichen Ihres Lebensrades

Bitte beantworten Sie in der nachfolgenden Tabelle stichwortartig die Leitfragen zu den einzelnen Lebensbereichen.

Leitfrage	Ihre Antwort
Was ist meine Vision, der Sinn meines Daseins?	
Was tue ich dafür?	
Wie zufrieden bin ich mit meiner Gesundheit und meiner Fitness?	
Was tue ich dafür?	
Wie sehr bin ich der aktive Gestalter meines Lebens?	
Was tue ich dafür?	
Habe ich finanzielle Ziele? Und wie nahe bin ich ihnen?	
Was tue ich dafür?	
Wie bereichernd sind meine Beziehungen für mich und andere?	
Was tue ich dafür?	

Die Antworten geben Ihnen Erkenntnisse über den Ist-Zustand Ihres Lebensrades und Ideen für Ihre Weiterentwicklung. Beantworten Sie jetzt die Fragen: Wie zufrieden sind Sie mit dem Zustand Ihres Lebensrades? Gibt es Bereiche, in denen Sie etwas ändern möchten?

Diese Übung können Sie als Arbeitsblatt von unserer Website www.buhr-team.com/de/logins herunterladen.

Am Anfang war das Wort: Kommunikation ist das Mittel zum Kontakt

Wir hoffen, der Zustand Ihrer Radspeichen ist zufriedenstellend. Dann können wir uns mit einem weiteren interessanten Aspekt beschäftigen, den wir bereits bei der Einführung in das Lebensrad-Modell kurz angeschnitten haben: der Kommunikation.

Sie erinnern sich an das Bild von der Nabe als Antriebszentrum, das den Mechanismus des Lebensrades in Bewegung setzt. Die Lauffläche dagegen symbolisiert das Medium für den Kontakt zur Umwelt. Hier findet die Kommunikation mit unseren Mitmenschen statt, hier erfahren wir, wie die soziale Wegstrecke beschaffen ist – wie die anderen auf uns reagieren. Überlegen Sie einmal: Wie zeigen Sie Ihren Erfolg? Verhalten Sie sich als Sieger, der um sich herum nur potenzielle Besiegte sieht? Oder doch lieber als Gewinner, der auch anderen ihren Gewinn gönnt? Sind andere neidisch auf Sie oder werden Sie bewundert und nachgeahmt? Müssen Sie sich immer wieder gegen eine extrem harte Konkurrenz behaupten oder bittet man Sie um Ihre Kooperation? All diese Reaktionen Ihrer Mitmenschen sind Teil von Kommunikation. Und sie bestimmen den Lauf Ihres Lebensrades mit.

Wir erkennen, ob wir anderen erfolgreich begegnen. Denn die anderen signalisieren uns, ob die berufliche Zusammenarbeit gut oder weniger gut klappt. Und unser Partner zeigt durch sein Verhalten, ob er nach wie vor gern mit uns zusammen ist.

All das können wir aktiv beeinflussen, indem wir unsere Kommunikationsfähigkeit trainieren und kultivieren. Wer offen auf die Menschen zugeht und ehrliches Interesse an seinem Gegenüber zeigt, dessen Lebensrad wird selten im Schlamm von Missverständnissen und Intrigen stecken bleiben. Und: Der Mensch schöpft nicht nur aus sich selbst. Daher ist es ungeheuer wichtig, neue Impulse und Erkenntnisse von außen aufzunehmen. Erfolgreiche Menschen zeigen uns dies täglich. Denn alles steht und fällt mit einer bewussten, zielgerichteten Kom-

"Offensichtlich ist, dass der Mensch von den ersten Tagen seines Lebens an die Regeln der Kommunikation zu erlernen beginnt, obwohl diese Regeln ihm kaum jemals bewusst werden."
Paul Watzlawick

munikation, die wir mit unserem jeweiligen Gesprächspartner haben. Was Sie dabei unbedingt im Auge behalten müssen: Der Dialog sollte so verlaufen, dass beide Parteien am Ende zufrieden sind.

Filterfein gemahlen: Schranke runter vor der Informationsflut

"Dinge wahr-
zunehmen ist
der Keim der
Intelligenz."
Lao Tse

Manches darf herein, manches muss draußen bleiben. Unser Bewusstsein ist Weltmeister im Abschotten von allzu vielen Informationen. In jeder Sekunde stürmt eine Flut (tatsächlich etwa 10.000.000 Bit) von Sinnesreizen auf uns ein, die kaum zu bewältigen ist. Wenn wir versuchten, alles bewusst aufzunehmen, wären wir nur noch mit unseren Wahrnehmungen beschäftigt und nicht mehr handlungsfähig. Aus diesem Grund benutzen wir zur Selektion eine Art Filtersystem. Auf diese Weise kann nur ein bestimmter, ausgewählter Teil (40 Bit) der Informationen in unser Bewusstsein vordringen. Ein Effekt, der uns vor Unmengen von Eindrücken bewahrt und hilft, uns auf das Wesentliche zu konzentrieren.

Leider versetzt uns diese Schutzfunktion nicht in die Lage, die aufgenommenen Informationen von vornherein objektiv beurteilen zu können. Sie werden lediglich in der einen oder anderen Form zur Kenntnis genommen und einsortiert. Unser Urteil ist immer subjektiv. Deshalb folgen Sie unserer Empfehlung und seien Sie vorsichtig mit absoluten Behauptungen. Es könnte sein, dass Sie die Dinge morgen schon ganz anders sehen.

Ohne Differenzierung wird es schwierig: Schärfen Sie Ihre Sinne

Im Vergleich zu anderen Lebewesen ist die Leistungsfähigkeit der menschlichen Sinne relativ begrenzt. Sei's drum: Wir haben es uns längst abgewöhnt, uns mit den eigenen Unzulänglichkeiten zu befassen. Wichtiger ist es, angesichts der heutigen Reizüberflutung differenzieren zu können. Der Schlüssel zu dieser Fähigkeit liegt im festen Willen, alles konsequent und bewusst wahrzunehmen. Das heißt: Versuchen Sie nicht so viel zu interpretieren oder hineinzulesen, sondern mit klarem Verstand sachlich zu analysieren. So werden Sie in die Lage versetzt, zwischen wichtig und unwichtig, zieldienlich und zielhemmend zu unterscheiden.

Übrigens: Sie können daran arbeiten, Ihre Konzentration zu verbessern und Ihre Sinneswahrnehmung zu schärfen. Dafür gibt es hier die passende Übung.

Übung
Schärfen Sie Ihre Sinne

Nehmen Sie sich fünf Tage lang je eine Stunde Zeit für Ihre Wahr-
nehmungsfähigkeit. Schulen und schärfen Sie damit Ihre Sinne.
Schreiben Sie jeden Abend Ihre Wahrnehmungen auf.

	Welche Eindrücke nehme ich tatsächlich wahr?	**Welche Eindrücke werden mir normaler- weise nicht bewusst?**
Am 1. Tag richten Sie Ihre volle Aufmerksam- keit auf das Sehen.		
Am 2. Tag achten Sie bewusst auf das Hören.		
Am 3. Tag konzen- trieren Sie sich auf das Fühlen, Tasten und Spüren.		
Am 4. Tag kommt das Riechen an die Reihe.		
Am 5. Tag werden Sie ganz gezielt das Schmecken erleben.		

Diese Übung können Sie als Arbeitsblatt von unserer Website
www.buhr-team.com/de/logins herunterladen.

Denkanstoß:
Wenn Sie sich fünf Tage lang mental auf die jeweiligen Sinneseindrücke konzentrieren und Ihre Beobachtungen allabendlich notieren, können Sie Ihre Wahrnehmungsfähigkeiten gezielt trainieren.

1.7. Alles Ansichtssache: Die Einstellung entscheidet

Sie kennen vielleicht das Phänomen: Sie wollen sich ein neues Auto
kaufen und sehen plötzlich Hunderte Ihres Favoriten durch die Straßen
fahren. Oder erinnern Sie sich als Eltern an die Zeit, als Sie ein Baby
erwarteten? Die ganze Stadt war auf einmal voller junger Mütter und
Väter. Es handelt sich dabei keineswegs um eine Fata Morgana, sondern
um etwas ganz Natürliches: Wir können unseren persönlichen Blickwin-
kel auf bestimmte Dinge fokussieren. Deshalb bemerken wir vorrangig
gerade das, was uns im Augenblick besonders interessiert.

Diesen Prozess der Einstellung können wir beeinflussen. Stellen Sie
sich bitte vor, Sie suchen in einer fremden Stadt nach einem bestimmten Geschäft. Unwillkürlich werden Sie sich an Ihrem Urteil über das
entsprechende Geschäft orientieren. Nach dem Luxusjuwelier werden
Sie an Orten Ausschau halten, wo Sie Gourmetrestaurants sichten. Sie
werden also auf Signale aufmerksam, die für ein teures Preissegment
stehen. Den Billig-Elektromarkt verorten Sie zum Beispiel in der Nähe
preiswerter Jeansläden usw. Sie werden nicht bewusst denken: Klar, das
Burgerrestaurant liegt in der Fußgängerzone oder an Ausfallstraßen.

Vielmehr werden Sie selbstverständlich erwarten, dass es so ist. Und
es wird Sie überraschen, wenn Sie auf „Unpassendes" stoßen. Denn die
Aufmerksamkeit war in eine bestimmte Richtung gepolt. Widersprüche
dazu „passen" nicht.

Auf andere Situationen übertragen, bedeutet das: Sobald wir uns ein
Urteil gebildet haben, suchen wir nach Belegen für dessen Richtigkeit.
Manche Aktienanleger perfektionieren diese Vorgehensweise meister-
haft. Haben sie sich erst einmal für eine Aktie entschieden, werden nur
noch positive Nachrichten über dieses Wertpapier registriert. Bei Pes-
simisten läuft das Ganze genauso – nur umgekehrt.

„‚Was will ich'? fragt der Verstand. ‚Worauf kommt es an?' fragt die Urteilskraft. ‚Was kommt heraus?' fragt die Vernunft."
Immanuel Kant

Denkanstoß:
Ist das Glas halb voll oder halb leer? Optimismus oder Pessimismus
ist eine Frage des inneren Blickwinkels.

Hier wird übrigens ein Aspekt deutlich, der die professionelle von der alltäglichen Kommunikation unterscheidet. Ein Profi lenkt seine Aufmerksamkeit stets auf die Themen und Informationen, die ihm helfen, sein Ziel zu erreichen. Die emotionale Komponente wird berücksichtigt, spielt sich jedoch nicht in den Vordergrund.

Wenn zwei das Gleiche erleben ... ist das längst noch nicht dasselbe

Zwischen dem, was Sie in einer Situation empfinden, und dem, was Ihr Begleiter denkt, liegen oftmals Welten. So kann beispielsweise ein und derselbe Kunde für den einen Verkäufer ein angenehmer Verhandlungspartner sein, für seinen Kollegen dagegen ein schwieriger Mensch, der immer alles besser weiß.

Die Art und Weise, wie wir Informationen verarbeiten und bewerten, hängt von verschiedenen Faktoren ab. Ein wesentlicher ist die Erfahrung. Wenn wir eine schwierige Aufgabe erfolgreich gelöst haben, werden wir eine ähnliche Herausforderung jederzeit annehmen. Denn wir wissen, dass wir diese meistern können. Unser Gehirn gibt uns das Signal: In Ordnung, mach das, denn du schaffst das.

Haben wir dagegen ein Negativ-Erlebnis hinter uns, richten wir unsere Konzentration auf den Vorsatz, nicht zu scheitern. Das ist jedoch eine sehr gefährliche Denkklippe. Unser Gehirn kann nämlich kein „nicht" denken.

Beispiel: Für den Besuch bei den Großeltern hat die Mutter das Kind frisch angezogen. Gleich werden alle ins Auto steigen. „Mach Dich nicht schmutzig", mahnt die Mutter, „wir fahren gleich." Im Kopf des Kindes bleibt das Wort „schmutzig" hängen; das Wörtchen „nicht" verschwindet dagegen spurlos. Damit hat sie das Gehirn ihres Kindes mit einem zwar gut gemeinten, in Wirklichkeit allerdings fatalen Begriff gefüttert. Eigentlich will sie den Großeltern ein wie aus dem Ei gepelltes Kind präsentieren. Der Erfolg dieser Absicht ist aber im Keim erstickt. Denn während die Eltern sich anziehen, den Wagen aus der Garage fahren und die Haustür abschließen, just in diesen fünf Minuten locken der Sandkasten, der Nachbarshund oder die Matschpfütze. Und ein glückstrahlendes, schlammbespritztes Kind hüpft voller Vorfreude auf die Großeltern ins Auto.

Auf Grund unserer Erfahrungen bilden wir Glaubenssätze. Das sind laut Robert Dilts verinnerlichte "Überzeugungen über uns selbst und darüber, was in der Welt um uns herum möglich ist". Beispielsweise Behauptungen wie „Ich kann nicht verkaufen", „Ich bekomme mindestens zweimal im Jahr die Grippe", „Morgens brauche ich erst einmal einen

> „Keiner versteht den anderen ganz, weil keiner bei demselben Wort genau dasselbe denkt wie der andere."
> Johann Wolfgang von Goethe

halben Liter Kaffee zum Wachwerden". Diese Glaubenssätze steuern wiederum unsere Wahrnehmung, weil wir eben immer nach einer Bestätigung unseres bisherigen Verhaltens suchen. Achtung – jetzt sind Sie wieder am Zug. Arbeiten Sie Ihre persönlichen Glaubenssätze heraus. Mit Hilfe der nächsten Übung geht das ganz einfach.

Übung
Entdecken Sie Ihre Glaubenssätze

Schreiben Sie Ihre fünf wichtigsten Glaubenssätze in die linke Spalte. Wobei bremsen Sie diese Glaubenssätze? Schreiben Sie rechts daneben, welchen Glaubenssatz Sie stattdessen lieber hätten. Erfahren Sie auf diese Weise, in welche Richtung Sie Ihre Weiterentwicklung konkret steuern können.

Meine wichtigsten Glaubenssätze	Meine liebsten Alternativen
Beispiel: Ich glaube, dass ich immer perfekt sein muss.	Ich werde alles so gut erledigen, wie es mir möglich ist.

Diese Übung können Sie als Arbeitsblatt von unserer Website www.buhr-team.com/de/logins herunterladen.

Wir Menschen können also bewusst entscheiden, was wir denken wollen. Ebenso sind wir in der Lage, uns Denkverbote aufzuerlegen. Klar, dazu gehört ein großes Maß an Selbstdisziplin. Doch es lohnt sich. Denn ab sofort liegt es in Ihrem eigenen Ermessen, ob Sie über mögliche Pleiten oder lieber über künftige Erfolge nachdenken möchten. Das ist die Freiheit, die Sie haben.

Von Worten und Taten: Deckungsgleichheit muss erreicht werden

Jetzt sind wir an der Stelle angelangt, wo sich das Puzzle der Kommunikation zu einem gemeinsamen Bild zusammenfügt. Denn alles, was vorher gesagt wurde, wäre sinnlos, wenn wir uns nicht untereinander austauschten. Kommunikation ist immer sowohl geben als auch nehmen. Das beschränkt sich nicht allein auf Worte, Gesten, Mimik, Körpersprache – auch das Schweigen ist eine Form von Kommunikation. Die Übereinstimmung von Worten und Taten nennen wir Stimmigkeit; Kommunikationsexperten sprechen von Authentizität. Im Sinne von Echtheit und Unverfälschtheit. Oder auch von Kongruenz. Ehrlicherweise müssen wir zugeben, dass solch eine Deckungsgleichheit nicht immer der Realität entspricht. Sehr weit klaffen Sprechblasen und Taten mitunter auseinander. Und im Zweifel sind die Taten viel ehrlicher als die Worte. Es ist daher ratsam, sich nicht zu sehr auf die Worte unseres Gegenübers zu fixieren, sondern auf seine Handlungsweisen zu achten.

Genauso viel Sensibilität ist erforderlich, um Stimmigkeit zwischen unseren eigenen Worten und Taten herzustellen. Wer Wasser predigt und Wein trinkt, wird bald im Abseits stehen. Denn unsere Umwelt wird sehr schnell gewahr, wenn Bekenntnisse und tatsächliche Aktivitäten ständig auseinanderdriften.

Und wie sieht das bei Ihnen aus? Mit dieser Übung können Sie prüfen, ob bei Ihnen Worte und Taten übereinstimmen.

> „Keine Antwort ist auch eine Antwort."
> Deutsches Sprichwort

Übung
Untersuchen Sie die Wechselwirkung Ihrer Worte und Taten

Schreiben Sie in die linke Spalte sechs Beispiele dafür, was Sie anderen Menschen über sich und Ihre Überzeugungen erzählen. Schreiben Sie rechts daneben, wie Sie diese Aussagen durch Handeln belegen. Wo gibt es Übereinstimmung und welche Diskrepanzen treten auf? So erhalten Sie Hinweise darauf, wo Sie Ihr Verhalten oder auch Ihre Aussagen anpassen können, um wirkungsvoller zu agieren.

Meine Worte	Meine Taten	Übereinstimmung	Abweichung

Diese Übung können Sie als Arbeitsblatt von unserer Website www.buhr-team.com/de/logins herunterladen.

Unwuchten auch einmal aushalten: oder ganz vermeiden

Wenn wir unser Potenzial effizient nutzen wollen, um schneller voranzukommen, brauchen wir ein größeres Rad. Das ist im Sport wie im Leben eine Frage der Speichenlänge. Nur gelingt es in den wenigstens Fällen, alle Speichen gleichmäßig zu stärken und sofort auf eine Länge zu bringen. Meist werden wir uns zunächst auf eine oder zwei Speichen konzentrieren.

Zum Beispiel arbeiten wir an unserer Karriere, um das Einkommen aufzubessern. Damit forcieren wir die Speiche Finanzen. Gleichzeitig entsteht jedoch eine geringfügige Unwucht, die wir anfangs nur als kleine Unregelmäßigkeit wahrnehmen. Mag sein, dass wir auf dem Karrieretrip eine zeitlang unsere Kinder vernachlässigen oder die sportlichen Aktivitäten schleifen lassen. Nicht so wichtig.

Und da wir so denken, steuern wir erst dagegen, wenn sich die Unannehmlichkeit zu einer mittelstarken Krise ausweitet. Zum Ausgleich machen wir dann vielleicht gemeinsam Urlaub mit der Familie, was wiederum die Speiche Beziehung stärkt. Oder wir melden uns im Fitness-Studio an, was die Speiche Körper auf Touren bringt.

„Taten sprechen lauter als Worte." Amerikanisches Sprichwort

Übung
Betrachten Sie Ihr Lebensrad

In der folgenden Grafik sehen Sie die fünf Speichen des Lebens-Rades. Schätzen Sie ein, wie positiv und stark die einzelnen Bereiche in Ihrem Leben vertreten sind. Wie gut Sie sich selbst organisieren können, wie sicher und erfüllend Ihre familiären, freundschaftlichen und Arbeits-Beziehungen sind. Wie gesund Sie sind und leben, wie es um Ihre Finanzen steht, wie viel Zufriedenheit und Glück Sie leben können, weil Sie Sinn in Ihrer (jetzigen) Art zu leben finden. Je positiver = ausgeprägter ein Bereich vertreten ist, desto weiter außen zeichnen Sie ihn im Lebens-Rad an; je weniger Sie sich bisher darum gekümmert haben, desto weiter innen. Ziehen Sie dann eine kreisförmige Linie von Punkt zu Punkt:

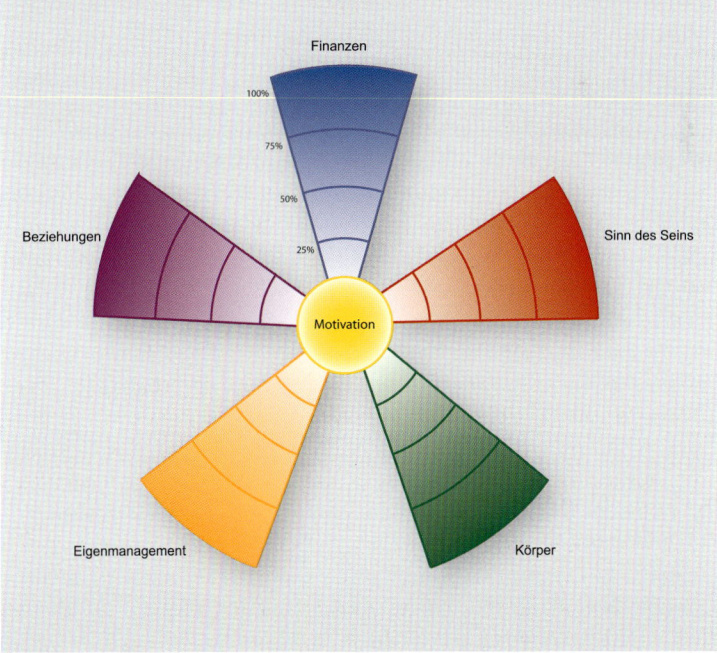

Meist wird das Ergebnis irgendwie so aussehen:

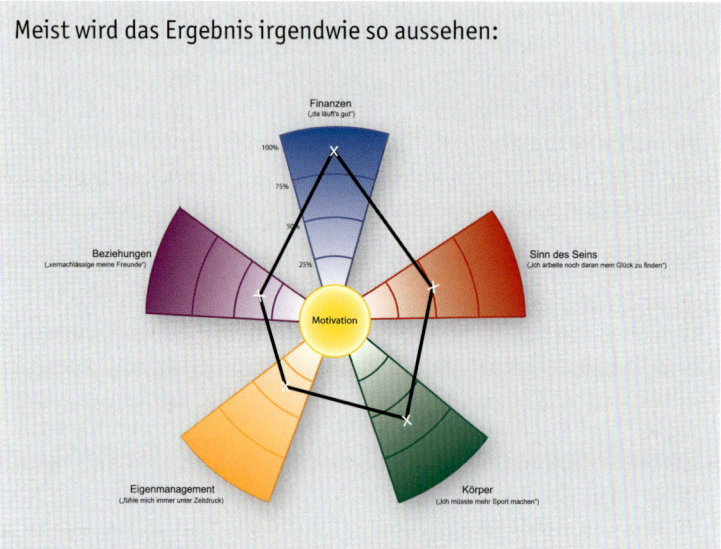

Bitte wiederholen Sie diese Übung jedes Jahr einmal! So können Sie
sehr schnell und auf einen Blick sehen, wo Sie gerade stehen, wie
Ihr Lebensrad rollt und worauf Sie im nächsten Jahr Ihr Augenmerk
richten müssen!

Diese Übung können Sie als Arbeitsblatt von unserer Website
www.buhr-team.com/de/logins herunterladen.

„Wohin ich auch
blicke, überall
erwachsen aus
Problemen
Chancen."
John D.
Rockefeller

Das bedeutet: Eine vorübergehende Unwucht kann durchaus etwas
Positives bewirken. Trotzdem sollten Sie sich jetzt nicht entspannt zu-
rücklehnen. Sehen Sie lieber zu, dass alle Speichen im Gleichgewicht
bleiben. Auch wenn es zu Beginn anstrengend sein sollte: Ein regel-
mäßiger Rundum-Check garantiert Ihnen einen einwandfreien Lauf.

Denkanstoß:
Soll oder Haben? Checken Sie Ihren Ist-Zustand!

**Der einfache Weg zur Erfolgskontrolle: Das Resultat muss uns
zufriedenstellen**

Jetzt werden Sie fragen, wie sich Ihr Erfolg messen lässt. Mit einem
Wort: Einfach! Sie sind dann erfolgreich, wenn das Ergebnis Ihrer Hand-

lungen Ihren Erwartungen entspricht. Zum Beispiel erhalten wir die Antwort, die wir erwarten, oder unser Kommunikationspartner handelt nach unseren Wünschen. Vorausgesetzt, wir gehen überhaupt mit einer klaren Erwartungshaltung in das Gespräch hinein. Diese Erwartungen sind unsere Messlatte für den Erfolg. Wird das Ergebnis verfehlt, müssen wir etwas anderes ausprobieren. Oder unsere Erwartungen verändern. Oder aber unsere Ziele neu überdenken.

Fazit:
- Nehmen Sie die Herausforderungen des Lebens als Chance wahr.
- Versuchen Sie grundsätzlich die Balance zu halten und regelmäßig wieder in Balance zu kommen.
- Richten Sie Ihr Interesse auf die Informationen, die Sie weiterbringen.
- Bilden Sie Ihre persönlichen Glaubenssätze.
- Bringen Sie Ihre Worte und Taten in Einklang.
- Probieren Sie bei Fehlschlägen etwas anderes aus: Fehlschläge sind Lerneinheiten des Lebens, mehr nicht. Lernen Sie, was Ihnen das Leben damit mitteilen wollte – und beschreiten Sie einen anderen Weg zum Ziel. Wenn das Ziel das richtige ist, wird sich der Weg auftun!

Reflexion
Jetzt sind Sie dran: Denken Sie weiter

Was erwarten Sie eigentlich von sich? Welche Rollen haben Sie freiwillig übernommen? Welche davon powern Sie aus – und welche bringen Ihnen Energie?

Welche Erwartungen werden von anderen an Sie herangetragen? Wie weit funktionieren Sie da? Ist „funktionieren" das, was Sie möchten? Wovon können Sie sich entlasten, ohne andere unglücklich zu machen?

Haben Sie einen Begriff von Glück und Erfolg? Wissen Sie, was Glück für Sie bedeutet? Schreiben Sie das auf – und betrachten Sie, ob Sie mit diesem Glück auch andere glücklich machen können. Denn das ist Energie, die vielfach zu Ihnen zurückströmen wird!

Dann gehen Sie weiter – go!

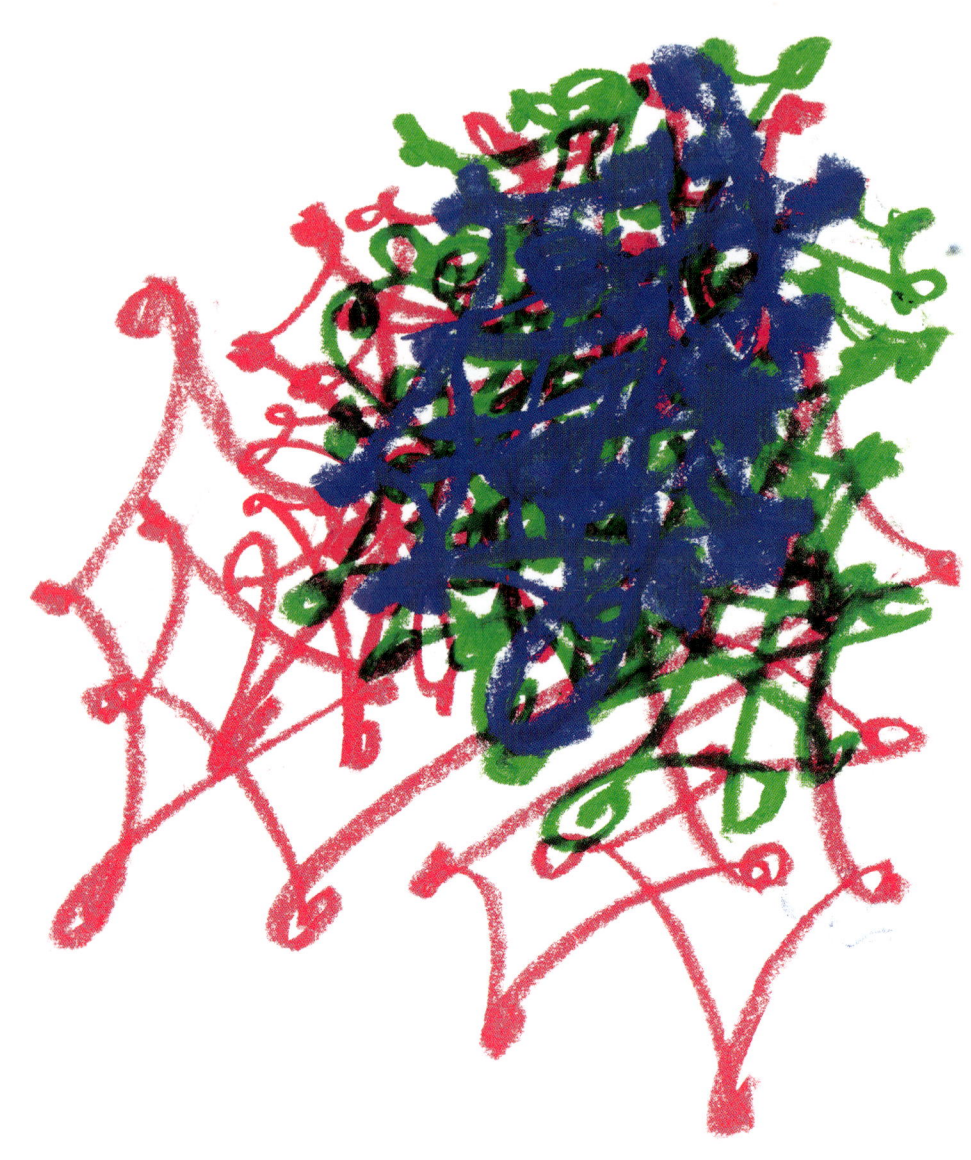

2. Der Weg ins Glück: Meilensteine der Selbsterkenntnis

In diesem Kapitel werden Sie sich darüber klar, welche Werte Ihr Leben bestimmen, welcher Sinn hinter Ihrer Existenz steht. Wir denken über das Glück nach, das wir alle erstreben. Sie entdecken sich selbst als facettenreiche Persönlichkeit. Was hat Sie geprägt? Wer hat Sie beeinflusst? In sich selbst entdecken Sie das, was Sie wirklich wollen. Sie machen sich Ihre Visionen bewusst und übernehmen Verantwortung. Lernen Sie, Ihre Intuition zu entwickeln und zu nutzen.

65 Prozent der Deutschen sehen den Sinn des Lebens darin, viel Spaß zu haben und glücklich zu sein. Dies ermittelte das Allensbach-Institut in einer bundesweiten Befragung. Eine Langzeitstudie aus gleicher Quelle ergab darüber hinaus, dass traditionelle Werte wie Pflichterfüllung, Religion und gesellschaftliche Verantwortung immer mehr in den Hintergrund rücken. Stattdessen treten die Faktoren „persönliches Glück und Lebensgenuss" in den Mittelpunkt. Für das kommende Jahrzehnt prognostizieren Freizeitforscher an der Universität Hamburg eine weitere Verschiebung der Wertediskussion. Das Interesse der Bevölkerung an der Steigerung des eigenen Wohlstands nimmt ab und konzentriert sich verstärkt darauf, wie es um das individuelle Wohlbefinden bestellt ist.

2.1. Achtung Steinschlag – machen Sie sich auf allerhand gefasst

Über eine bequeme Zufahrt zum Weg ins Glück äußerten sich die akademischen Zukunftsdeuter allerdings nicht. Also ist Eigeninitiative angesagt, um ans Ziel zu gelangen, wie immer das auch für uns persönlich aussehen mag.

Also begeben wir uns auf die Spurensuche nach dem, was wir den „Sinn unserer Existenz" nennen. Gemeinsam werden wir sicher fündig.

Nach dem Glück zu jagen, verjagt es auch schon. Das stellte der Wiener Psychiater Viktor E. Frankl fest. Denn eigentlich geht es uns gar nicht darum glücklich zu sein. Vielmehr wollen wir einen Grund dafür. Sobald dieser Grund gefunden ist, „stellt sich das Glücksgefühl von selbst ein". – Das kennen Sie doch schon: Haben Sie einen Arbeitsab-

„Die meisten Menschen sind ungefähr so glücklich, wie sie es zu sein bereit sind."
Abraham Lincoln

schnitt erreicht, eine Prüfung bestanden, hat Ihr Aktiendepot einen gewissen Wert erreicht, hat sich eine Entscheidung als richtig herausgestellt – dann ist genau das der Grund für das Glücksgefühl, das Sie nun empfinden. Glück würden Sie aber nicht über Dinge empfinden, die Ihnen nicht so wichtig sind. Denen Sie keinen Sinn beimessen. So hängt das zusammen:

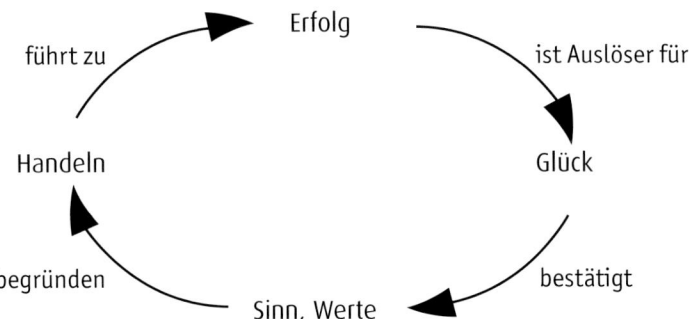

Fragen nach dem Sinn tauchen stets dann auf, wenn, wenn Ärger und Schwierigkeiten unser Lebensrad ins Schlingern bringen. Diese Fragen entstehen übrigens nicht nur in plötzlichen Krisen oder Notsituationen. Auslöser können auch das Alter, das soziale Umfeld oder bestimmte Schlüsselerlebnisse sein. Doch ganz gleich, wo die Gründe zu suchen sind: Die Sehnsucht der Menschen nach einer Antwort auf die Sinnfrage des Lebens bleibt. Frankl beschreibt das Streben nach Erkenntnis anschaulich: „Wenn der Mensch das WARUM kennt, erträgt er nahezu jedes WIE."

Deshalb wollen wir uns im Folgenden eingehend damit befassen, einer Auflösung dieser Frage näher zu kommen. Denn wenn Sie mit sich selbst im Reinen sind, Ihre Sinnfrage geklärt und Ihre Position gefunden haben, können Sie sich unbeschwert für neue Erfahrungen öffnen. Und bewusst das erleben, was Sie glücklich macht.

2.2. Den Sinn suchen – das Glück finden

Probleme mit der Definition: Glück bedeutet für jeden etwas anderes

Glück muss der Mensch haben. Danach streben wir schließlich alle. Doch wie definiert man eigentlich Glück? Kaum jemand kann auf Anhieb sagen, was das Wort Glück konkret für ihn bedeutet. Es ist höchst erstaunlich, dass einer der Zentralbegriffe des menschlichen

Strebens so schwer zu fassen ist. Wir lernen zwar, alle Vorteile für uns zu nutzen – aber wie können wir lernen, glücklich zu sein? Auf ähnliche Schwierigkeiten stoßen wir, wenn wir nach dem „allgemeinen Gesetz" suchen, wie man Freunde gewinnt oder einfach die Dinge des Lebens genießt. Stellen wir also fest: Es gibt keine allgemein gültige Definition von Glück. Bislang ist auch noch nichts Derartiges wissenschaftlich gemessen worden.

Denkanstoß:
Niemand kann uns beibringen, glücklich zu sein. Wir müssen es aus eigener Erfahrung lernen.

Von außen können wir also keine Hilfe bei unserer Suche erwarten. Folglich bleiben wir darauf angewiesen, aus eigener Erfahrung zu lernen und selbst auf die Suche nach unserem Glück zu gehen.

Geld macht nicht glücklich – auch arme Leute haben Spaß am Leben

Sie kennen natürlich das Märchen vom Hans im Glück. Dem jungen Mann, der seinen Goldschatz gegen ein Pferd tauschte, als ihm die Last zu schwer wurde. Das Reittier aber warf ihn ab und wurde gegen eine Kuh eingewechselt. Diese gab keine Milch – der nächste Umtausch folgte. Jetzt war es ein Schwein, darauf kam eine Gans, die wiederum für zwei Schleifsteine den Besitzer wechselte. Die Steine fielen schließlich dem Hans beim Wassertrinken in den Bach. Erleichtert, nicht ertrunken zu sein, kam er frohgemut zu Hause an. Ganz schön dämlich, so ein Verhalten, denken Sie jetzt wahrscheinlich. Aber Moment: Jeder Umtausch erfolgte aus dem Wunsch heraus, glücklich zu sein. Da machte es nichts aus, dass jedes Mal der materielle Wert des eingewechselten Gegenstandes geringer wurde. Das Glücksempfinden bedeutete dem Held der Grimmschen Erzählung mehr als materieller Wohlstand – sein Handeln war also nur konsequent.

Schlagen wir den Bogen aus der Märchenwelt in unsere Realität. Man sagt, Geld allein macht nicht glücklich. Vielleicht erklärt das, warum eine wohlhabende Nation wie die deutsche bei einer weltweiten Befragung über die Einschätzung des persönlichen Glücks weit abgeschlagen auf den hinteren Rängen landete. Ganz im Gegensatz zu „armen" Ländern wie Bangladesch oder Indien, die sich weit oben auf der Skala platzierten.

„Viele Menschen versäumen das kleine Glück, während sie auf das große vergeblich warten."
Pearl S. Buck

Null Freude am Gewinn: Lotto-Millionäre haben es auch nicht leicht

„Nicht die Dinge
selbst, sondern
unsere Vorstel-
lungen von den
Dingen machen
uns glücklich
oder unglück-
lich."
Epiktet

Vor einiger Zeit war im Fernsehen ein Bericht über Lotto-Könige zu sehen. Einige Personen wurden vorgestellt und nach ihrer Erfahrung mit dem Supergewinn befragt. Das Ergebnis war verblüffend: Das viele Geld hatte kaum einen der allseits beneideten Glückspilze vorangebracht. Die einen hatten ihre Millionen verzockt, die anderen das Geld verprasst, wieder andere hatten genug damit zu tun, Schnorrer abzuwimmeln und kamen nicht einmal dazu, das angekreuzte Glück richtig zu genießen. Ein Mann wurde sogar aufgrund der ständigen Belastungen an den Rand eines Nervenzusammenbruchs gebracht. Am Ende hatte er sein Geld verschenkt und ist in seinen alten Job zurückgekehrt.

Glück stellte sich bei den Lotto-Königen ein, die ihren Gewinn in ihre bisherigen Lebenspläne einbauten. Sie bezahlten ihr Eigenheim auf einen Schlag ab. Sie ermöglichten ihrem Kind den Schritt in die Selbstständigkeit. Alles, was sie vorher angestrebt hatten, konnten sie nun schneller, größer, perfekter tun. Ihre Ziele hatten sich nicht grundlegend geändert.

Bitte erinnern Sie sich an dieser Stelle an das Modell vom Lebensrad, mit dessen Hilfe dieses Phänomen transparent gemacht werden kann. Zum einen ist ersichtlich, dass bei den „unglücklichen" Lotto-Gewinnern die Speiche „Finanzen" ein deutliches Übergewicht bekam und ihr bisheriges Leben aus dem Gleichgewicht brachte. Die Speiche „Eigenmanagement" hielt den neuen Erfordernissen nicht stand. Denn der frische Reichtum konnte offensichtlich nicht bewältigt und in sinnvolle Bahnen gelenkt werden. All das beeinflusste wiederum die Speiche „Körper" bis hin zu massiven gesundheitlichen Beeinträchtigungen. Letztlich verbog sich auch die Speiche „Beziehungen" unter dem Ansturm falscher Freunde und gieriger Schmarotzer.

Die Schlussfolgerung muss daher lauten: Glück ist nicht an den reinen Besitz gebunden, sondern an Situationen und Gefühle. Nicht Glanz und Glamour sind auf Dauer ausschlaggebend, sondern die kleinen Augenblicke, von denen wir mit Goethes Faust sagen können: Verweile doch, du bist so schön.
Für den einen sind die ersten Worte seines Kindes solch ein Glücksmoment, für den anderen ein Spaziergang im Herbstwald, für den dritten ein Negativbescheid bei der Vorsorgeuntersuchung und für Sie vielleicht die Begegnung mit Ihrer großen Liebe.

Weder treu noch käuflich: Glück – ein flatterhaftes Wesen

Wenn das Glück schon von innen kommt, bleibt es auch treu. Das wäre zu schön, um wahr zu sein. Die Realität sieht leider anders aus. Fortuna ist ausgesprochen untreu und kann Sie ohne schlechtes Gewissen von heute auf morgen verlassen. Enttäuscht müssen wir erkennen: Das Glück ist kein Dauergast, man kann es auch nicht abonnieren.

Denkanstoß:
Von heute auf morgen können Sie ohne Vorwarnung von Ihrem Glück verlassen werden.

Finden Sie sich damit ab und schauen lieber einmal nach, an welcher Stelle Ihres Innern das Glück denn stecken soll. Doch jetzt wird's kompliziert. Denn das eigene Ich ist ein mysteriöses, weitgehend unerforschtes Gelände. Haben Sie Lust, diese Terra incognita zu entdecken? Dann begleiten Sie uns weiter auf der Suche nach dem Sinn des Lebens, um am Ende des Wegs die Quelle Ihres Glücks zu entdecken.

2.3. Du lieber Gott – nehmen wir uns ein himmlisches Beispiel

Wenden wir uns zunächst einmal einer höheren Instanz zu. Wie die Legende erzählt, fragte ein Mensch eines Tages den lieben Gott, wo denn der Sinn des Lebens zu suchen sei. Gott schickte den Erdenbürger daraufhin auf die höchsten Erhebungen und in die tiefsten Abgründe der Welt. Doch vergeblich. Der Mensch fand – nichts. Mutlos kehrte er an den Platz zurück, wo er den Herrgott getroffen hatte. In einer Inschrift auf einem Felsen war dort zu lesen: „Um den Sinn deines Lebens zu finden, musst du dich auf die höchsten Höhen und in die tiefsten Tiefen deiner Welt begeben und suchen – in dir selbst!"
Die Interpretation des göttlichen Ratschlags fällt nicht schwer: Wir müssen die Antworten auf die Basis-Fragen unseres Lebens nicht in weiter Ferne, in extremen Situationen oder bei anderen Menschen suchen – die Antworten liegen in uns selbst. Allerdings scheint es so, dass wir zunächst einige Höhen und Tiefen des Lebens erlebt haben müssen. Dies deckt sich mit der Erfahrung, dass die Frage nach dem Sinn häufig während der so genannten „Midlife-Crisis" eine dominierende Rolle einnimmt.
Werfen Sie also einen tiefen Blick nach innen. Mit der Erkenntnis, dass

„Wer einmal sich selbst gefunden, der kann nichts auf dieser Welt mehr verlieren. Und wer einmal sein Selbst begriffen, der begreift alle Menschen."
Stefan Zweig

eine befriedigende Antwort nach dem Sinn des Seins eine Quelle sein kann, die uns mit Leistungsstärke und Ausdauer versorgt. Wichtige Voraussetzungen, um erfolgreich und glücklich zu sein.

2.4. Ganz Sie selbst – in allen Facetten

Heute so – morgen anders: Der Mensch hat viele Identitäten

Das menschliche Ego lässt sich nicht in vorgefertigte Kästchen stecken mit Aufschriften wie „Romantischer Träumer" oder „Mutiger Draufgänger" oder „Ungeduldiger Workaholic". Jeder Mensch besteht aus vielfältigen Facetten, die situationsbedingt mal mehr, mal weniger zu Tage treten. Einen großen Anteil an der individuellen Persönlichkeit hat unser Unterbewusstsein, das viele Denkmuster und Handlungsweisen beeinflusst – wenn nicht sogar bestimmt.

„Nur eins beglückt zu jeder Frist: Schaffen, wofür man geschaffen ist." Paul Heyse

Es ist sehr schwierig, das Unbewusste im Menschen durch direktes Befragen aufzudecken. Oft finden wir nur heraus, dass wir nicht wissen, was wir wollen. Erstaunlich vielen Menschen geht es so. Ihnen ist überhaupt nicht bewusst, was sie wirklich mit ihrem Leben anfangen möchten. Höchstens zwanzig Prozent haben eine Vorstellung davon, wer sie sind und wie ihr weiteres Leben aussehen soll oder könnte.

Denkanstoß:
Die meisten Menschen wissen nicht, was sie wollen. Und können daher nur wenig mit ihrem Leben anfangen.

Wer bin ich? Die Frage nach der eigenen Identität mündet häufig in ein Rollenspiel. Denn jeder hat in seinem Leben viele verschiedene Aufgaben, die zu erfüllen sind. Denken Sie an Ihre persönliche Situation: Manchmal sind Sie als Eltern gefordert, ein anderes Mal als Partner, morgen vielleicht als Vorgesetzter, Mitarbeiter, Sportskamerad oder Beifahrer. Ihre Identitäten ändern sich mit der jeweiligen Situation.

Eine unverwechselbare Persönlichkeit: Der Mensch bleibt sich selber treu

Es gibt in unserer Identität aber auch ein stabiles Element. Diese Komponente sorgt dafür, dass wir zu jeder Zeit etwas ganz genau wissen:

Bei aller Veränderung sind wir immer noch dieselben. Im Laufe von sieben Jahren werden sämtliche Zellen des Körpers erneuert. Das bedeutet: Keine Zelle Ihres Körpers ist mehr dieselbe wie sieben Jahre zuvor. Und trotzdem erkennen wir uns jeden Morgen im Spiegel wieder. Trotzdem besteht kein Zweifel, dass wir tatsächlich wir sind. Dieses stabile Element ist nun nicht statisch angelegt, sondern entwickelt sich weiter. Es ist allerdings in allen Rollen spürbar. Wir merken es daran, wie wir unsere Rollen ausfüllen und welchen Stellenwert wir ihnen geben.

Dieser Stellenwert lässt sich häufig an den Äußerungen unserer Mitmenschen ablesen. Es ist ein Unterschied, ob jemand sagt „Ich bin ein Verkäufer" oder „Ich verkaufe". Ob jemand „Kinder hat" oder „Vater ist". Ob jemand „Sport treibt" oder „Marathonläufer ist". Jeder Mensch findet seine Identität in dem Bereich seines Lebens, mit dem er sich identifiziert.

Mit welchem Bereich Ihres Lebens identifizieren Sie sich? Wozu sagen Sie: „Ich bin..."? Die Antwort auf die Frage „Wer bin ich?" bringt uns schließlich näher an den Sinn unseres Lebens. Damit haben Sie einen wichtigen Meilenstein auf dem Weg zum Glücklichsein erreicht.

> „Werte kann man nur durch Veränderung bewahren."
> Richard Löwenthal

Denkanstoß:
Trotz der zahlreichen Rollen, die Sie im Alltag spielen, bewahren Sie Ihre ganz persönliche Identität.

2.5. Wo kommen Sie her – wo gehen Sie hin?

Prägung durch das Umfeld: Nachahmen bringt uns weiter

Doch wenden wir uns zunächst den anderen Ebenen unserer Persönlichkeit zu. Sie werden diese Beobachtung sicher schon selbst gemacht haben: Da Sie den Menschen nicht hinter die Stirn schauen können, versuchen Sie, Ihr Gegenüber über seine Verhaltensweisen einzuschätzen. Denn das, was der Betreffende tut oder nicht tut, ist ein Charakteristikum, das zu seinem typischen Persönlichkeitsbild gehört.

Das jeweilige Verhalten eines Menschen steht im direkten Zusammenhang mit dem Umfeld, in dem er sich bewegt. Beispielsweise ist das lautstarke Schreien auf einem Fußballfeld durchaus angebracht, in einer Kirche während der Messe absolut tabu.

Darüber hinaus ergibt sich aber noch eine weitere Verbindung: Äußere

Einflüsse helfen dem Menschen, Fähigkeiten herauszubilden, die er allein möglicherweise nie entdeckt hätte. Dies können zum Beispiel Vorbilder sein, auf die er bei Gelegenheit trifft.
Später, im Kapitel über zwischenmenschliche Beziehungen, gehen wir darauf ein, wie Sie gezielt von anderen lernen können. Hier geht es um Vorbilder, die Ihr Leben begleiten. Vielleicht haben Sie sich das noch nie klargemacht: Diese Vorbilder repräsentieren Werte. Machen Sie sich diese Werte in der nächsten Übung bewusst.

Übung
Vorbilder und Werte

Rufen Sie sich Ihre Vorbilder ins Gedächtnis. Was hat Sie an diesen Menschen besonders beeindruckt? Was bedeuten diese Eigenschaften für Sie?

Meine Vorbilder	Diese Eigenschaften haben mich besonders beeindruckt	So habe ich sie in mein Leben eingebaut

Diese Übung können Sie als Arbeitsblatt von unserer Website www.buhr-team.com/de/logins herunterladen.

Im Grunde läuft dies auf eine Art „Abkupfern" hinaus. Wenn Sie sich von erfolgreichen anderen Menschen beeinflussen lassen, nehmen Sie unmerklich deren Werte auf. So optimieren Sie Ihre eigenen Stärken. Sie probieren etwas Neues aus, Ihr Handlungsspielraum vergrößert sich. Sie erweitern Ihre Fähigkeiten und gewinnen darüber hinaus neue hinzu. Damit stehen Ihnen mehr Möglichkeiten zur Verfügung, die gesetzten Ziele zu verwirklichen.
Aus der Summe dieser Fähigkeiten entstehen – bestätigt durch immer gleichartige Erfahrungen in einer bestimmten Situation – wiederum persönliche Glaubenssätze. Durch die stetige Wiederholung der einmal gemachten Erfahrungen werden diese Glaubenssätze zum konstanten Bestandteil der Denkweise und festigen sich im Laufe der Zeit zu Wertvorstellungen. Diese Wertvorstellungen sind die Unterscheidungsmerkmale, nach denen wir Urteile fällen.

Zurück in die Kindheit: ein aufschlussreiches Erlebnis

Um sich Klarheit über das Ergebnis dieses Prozesses zu verschaffen, kann ein gedanklicher Abstecher in Ihre Kindheit hilfreich sein. Denn viele Glaubenssätze und Wertvorstellungen des Menschen werden bereits in jungen Jahren festgelegt und halten sich bis ins Erwachsenenalter. Stellen Sie sich also vor, Sie wären ein Kind in einer Spielzeughandlung. Konzentrieren Sie sich auf dieses Szenario. Schließen Sie – nachdem Sie diesen Abschnitt gelesen haben – die Augen und nehmen Sie alles um sich herum sinnlich wahr. Das Geschäft, die Auslagen und sich selbst in diesem Spielzeugparadies. Was gibt es dort zu sehen? Was zu hören? Welche Worte und Geräusche? Ist es laut oder leise? Was empfinden Sie im Moment? Wie fühlt es sich an, wenn Sie die Spielsachen berühren? Wie riecht es in dem Geschäft? Haben Sie sogar einen speziellen Geschmack auf der Zunge, der typisch für diese Situation ist? Während Sie sich all dieser Empfindungen bewusst werden, wenden Sie sich auch der eigenen Person zu. Fragen Sie sich, was für ein Kind Sie sind. Wonach suchen Sie in diesem Laden? Welche Spielsachen sprechen Sie an und welche schauen Sie sich näher an, aber ohne sie zu kaufen? Mit welchen beschäftigten Sie sich am intensivsten? Fragen Sie sich auch, ob Sie das Spielzeug mit nach Hause nehmen dürfen. Und ob morgen vielleicht noch mehr interessante Dinge für Sie da sein werden.

Überlegen Sie, was Sie verändern würden, um das Geschäft noch schöner zu machen. Was könnten Sie tun, damit Ihnen der Laden wirklich gut gefällt? Würde Ihnen der Eigentümer überhaupt erlauben, das, was Sie sich eben ausgedacht haben, auch zu tun? Wie ist der Name des Geschäfts? Und wie heißen Sie? Vergleichen Sie Ihre Eindrücke anschließend mit Ihren Erfahrungen in der Erwachsenenwelt. Wo finden Sie Verbindungen? Worin haben Sie sich seither verändert? Was fällt Ihnen dabei auf?

Durch diesen Rückblick erkennen Sie, dass Ihr Ich bereits in der Kindheit stark ausgeprägt war. Vielleicht hilft Ihnen diese Erkenntnis, viele Ihrer heutigen Reaktionen und Denkweisen besser einzuordnen und zu verstehen.

> „Als Kind ist jeder ein Künstler. Die Schwierigkeit besteht darin, als Erwachsener einer zu bleiben."
> Pablo Picasso

Denkanstoß:
Die Wurzeln zahlreicher menschlicher Anlagen führen zurück in die Kindheit. Wer sich dessen bewusst ist, wird mit seinen Verhaltensweisen als Erwachsener besser zurecht kommen.

„Wer seinen
Verstand kennt,
kennt nicht im-
mer sein Herz."
La
Rochefoucauld

Noch aufschlussreicher wird das Ganze, wenn Sie aus Ihren Kindheits-
erfahrungen die Parallele zur Gegenwart ziehen. Was erkennen Sie aus
Ihrem Erwachsenen-Dasein wieder? Wie erklären Sie sich, warum Sie
gerade jenes Spielzeug ausgewählt und die anderen liegen gelassen
haben? Bei dieser Reflexion entdecken Sie, wo Ihre wahren Interessen
liegen und welche Ihrer Vorhaben Sie möglicherweise unbewusst sabo-
tiert haben.

Unser Rat: Schenken Sie künftig dem Kind in Ihnen mehr Gehör. Dann
gelingt es Ihnen, den Verstand ein wenig zur Seite zu schieben und
stattdessen Ihrer Intuition freien Lauf zu lassen. Auf diese Weise erfahren Sie über sich selbst viele Einzelheiten, die Ihnen sonst entgan-
gen wären.

Entdecken Sie Ihre Visionen: Jeder hat seine bestimmte Mission

Nach dem Blick ins Innere richten wir jetzt unsere Aufmerksamkeit
wieder nach außen. Manche Leute meinen, ohne irgendwelche Aufgaben vor sich hinleben zu können. Diese Leute befinden sich im Irrtum.
Denn jeder hat seine Mission, die dem eigenen Schaffen erst einen Sinn
gibt. Sobald wir Aufschluss über die Art der Aufgaben erhalten, die das
Schicksal für uns bereit hält, wird unser Leben einen unglaublichen
Schub bekommen. Denn stehen die Ziele erst fest, entstehen Motivation und Aktionsbereitschaft von selbst. Sind die Ziele erreicht, stellen
sich Stolz, Freude und Befriedigung ein. Glückshormone werden aus-
geschüttet; Sie fühlen sich rundum zufrieden.

Denkanstoß:
Wer seine Aufgaben im Leben kennt, wird engagiert seine Ziele verfolgen. Denn dann verfügt er über die Motivation, für seine persönliche Mission ganzen Einsatz zu bringen.

Aus diesem Grund ist es ungeheuer wichtig, eine deutliche Vision zu
besitzen und die persönliche Marschrichtung zu kennen. Und noch etwas: Visionen erfüllen keinen Selbstzweck. Sie liefern uns die Orien-
tierung, damit wir unsere Entscheidungen fundiert und zielgerichtet
treffen können.

Möchten Sie wissen, wie es um Ihre Visionen bestellt ist? Dann machen
Sie folgendes: Schreiben Sie einen Monat lang täglich auf, was Sie interessiert. Das können eigene Ideen oder Aktivitäten anderer sein, von

denen Sie sich inspiriert fühlen. Schneiden Sie Zeitungsartikel oder Bilder aus, die Ihnen aufgefallen sind und kleben Sie diese ebenfalls in Ihr „Visions-Tagebuch".
Sobald die vier Wochen um sind, gehen Sie das Ganze noch einmal sorgfältig durch. Bei dieser Gelegenheit versuchen Sie, die darin enthaltenen Informationen zu interpretieren. Und zwar spontan, ohne lange nachzudenken. Indem Sie alle Details wie bei einem Puzzle zusammentragen, erkennen Sie nach und nach, welche Muster und Richtungen entstehen. Dieses Bild gibt Ihnen Auskunft darüber, wo Ihre Mission liegt.

> „Das Glück besteht nicht darin, dass du tun kannst, was du willst, sondern darin, dass du immer willst, was du tust."
> Leo Tolstoi

Denkanstoß:
Visionen sind das Fundament, auf das sich unsere Ziele begründen. Gleichzeitig dienen sie als Wegweiser für unsere Entscheidungsfindung.

Darüber hinaus haben wir eine Übung für Sie vorbereitet, mit der Sie sich ein konkretes Bild von Ihrer Vision schaffen können. Legen Sie einen Stift bereit, denn jetzt wird gemalt.

Übung
Bringen Sie Ihre Vision zu Papier

Malen Sie ein Bild davon, wie Sie sich Ihre Zukunft vorstellen. Wählen Sie einen Zeitraum von 5, 10 oder 20 Jahren. Dabei kommt es nicht darauf an, dass Ihre Vision bereits in allen Details klar ist. Wichtig ist, dass Sie beginnen. Und es immer wieder tun, mindestens einmal im Jahr. Sie werden erleben, wie sich Ihre Vision weiter entwickelt und Ihnen Motivation und Orientierungshilfe gibt. Nehmen Sie sich dazu ein möglichst großes Stück Papier.

Diese Übung können Sie als Arbeitsblatt von unserer Website www.buhr-team.com/de/logins herunterladen.

2.6. Ganz Ohr für sich selbst – Sie wissen mehr als Sie denken

Bisher haben wir uns sehr vom Kopf aus gesteuert unserer Vision genähert. Jetzt wollen wir auch andere Möglichkeiten mit einbeziehen. Wenn wir erfolgreiche Menschen genauer anschauen, werden wir eine bemerkenswerte Feststellung machen:
Viele Top-Unternehmer treffen ihre beruflichen Entscheidungen nicht nur auf dem Weg der Ratio, sondern „aus dem Bauch heraus", rein intuitiv. Kennen Sie das auch, dass eine innere Stimme Ihnen sagt, was zu tun ist? Oder dass ein komisches Gefühl Sie bei einer Entscheidung warnt?

Aus dem Bauch heraus entscheiden: Vertrauen Sie Ihren Instinkten

Lautet die Erfolgsformel demnach: Gefühlsmäßige Bewältigung von komplizierten Situationen statt rationaler Lösungen? Die Antwort ist nicht so einfach. Die Intuition hilft uns, sämtliche Wahrnehmungen, Erklärungen und Deutungen als Teil eines Lernprozesses effektiver zu begreifen und aufzuschlüsseln, als dies der Verstand allein kann. Aus diesem Grund ist es oft ratsam, auf die innere Stimme zu hören und intuitiv zu reagieren. Wie ein Fußballer, der den Ball mit untrüglichem Instinkt ins Tor schießt. Glück gehabt, heißt es dann. Intuition ist – vielfach belegt – ein wichtiger Baustein, mit dessen Unterstützung dem Menschen große Würfe gelingen. Etwas glückt, was manchmal sogar als unmöglich erscheint.
Wollen Sie wissen, wie es um Ihren aktuellen Zugang zu Ihrer Intuition steht? Nichts leichter als das. In der nächsten Übung erfahren Sie mehr.

Übung
Erfahren Sie, welche Werte Ihr Leben bestimmen

Beantworten Sie bitte zunächst die folgenden 4 Fragen mit jeweils einem Satz.

Was ist Ihnen wichtig?

Woran glauben Sie?

Was sollen die anderen Menschen von Ihnen sagen?

Was würden Sie tun, wenn Sie nur noch 1 Stunde zu leben hätten?

Diese Übung können Sie als Arbeitsblatt von unserer Website www.buhr-team.com/de/logins herunterladen.

Das Leben in eigener Regie – mit allen Konsequenzen

Lassen Sie uns ein weiteres Thema ansprechen, das später im Kapitel 3 noch detaillierter beschrieben wird. Dank der vorausgegangenen Übungen haben Sie sich Klarheit über sich selbst, über Ihr Tun und Ihre Vorstellungen verschafft. Dieses Wissen führt zum nächsten Meilenstein auf dem eingeschlagenen Weg ins Glück: der Verantwortung. Nur derjenige, der verantwortlich handelt und sein Leben aktiv bestimmt, ist in der Lage, wirkliches Glück zu empfinden. Lassen Sie sich nicht das Heft des Handelns aus der Hand nehmen. Werden Sie nicht zum Spielball diffuser Kräfte. Denn dann laufen Sie Gefahr, den Sinn Ihres Lebens vergeblich zu suchen. Deshalb treffen Sie Ihre Entscheidungen und seien Sie bereit, mit den Konsequenzen zu leben. Auch wenn diese unangenehm sein sollten.

Die Bereitschaft, das Leben in die eigene Hand zu nehmen, verlangt jedem von uns unbestritten eine Menge ab. Sie bestimmen selbst, ob Sie Applaus bekommen oder ausgepfiffen werden. Wir wollen das näher erläutern. Wenn jemand ständig über sein Pech stöhnt, ist er sich wahrscheinlich nicht klar darüber, dass er sich selbst für diese Jammer-Haltung entschieden hat. Seine Empfindungen entsprechen jedoch keineswegs einer objektiven Wahrheit, die es ohnehin nicht gibt. Andere Menschen schätzen seine Situation als völlig normal oder zumindest als nicht allzu tragisch ein. Häufig entpuppen sich solche Leidensgeschichten nämlich gerade als geschickte Abwehrmanöver, die der Verstand initiiert. Mit der Absicht, die Übernahme von Verantwortung zu verhindern.

Anders ausgedrückt: Unser Verstand will uns nur vor den Konsequenzen, nämlich schlechten Gefühlen, schützen. Deshalb zwingt er uns manchmal eine Haltung auf, die wir normalerweise gar nicht einnehmen würden. Parallel dazu entwickeln sich entsprechende Gefühle, die dieser Haltung auch emotional Rückendeckung geben.

Beispiel: Sie haben sich etwas vorgenommen, sind aber aus welchen

Gründen auch immer gescheitert. Dieses Versagen will sich Ihr Verstand jedoch nicht eingestehen, weil er Sie vor den damit verbundenen Selbstzweifeln schonen will. Was tut er stattdessen? Er versetzt Sie in die Haltung eines Unglücksraben. Und liefert gleich dazu die passenden Entschuldigungen. Der Zug hatte Verspätung, deshalb ist der Termin geplatzt; die Kollegen haben schlecht über mich geredet, deshalb bin ich nicht befördert worden; alle sind gegen mich, deshalb bekomme ich nie eine Chance.

Auch Ihre Gefühle sind typisch für einen Pechvogel: Ich bin nichts wert, ich fühle mich klein und unbedeutend, ich werde vom Schicksal vernachlässigt. In Wahrheit aber ist alles ganz anders: Sie haben einen Fehler gemacht, daraufhin ist Ihre Planung nicht aufgegangen, Ihr Ziel wurde verfehlt. Das aber wollen Sie, da Ihr Kopf Sie hier steuert, um keinen Preis zugeben. Also drücken Sie sich vor der Verantwortung und flüchten lieber in eine unangebrachte, falsche Märtyrerhaltung.

Stellen wir fest: Solange wir an unserer Opferrolle festhalten, zwingen wir unseren Verstand, unangebrachte Haltungen – mit ebenso falschen Gefühlen im Schlepptau – einzunehmen. Deshalb der Rat: Stehen Sie zu dem, was passiert. Das Leben ist das, was Sie daraus machen. Punktum. (Mit diesem wesentlichen Punkt – Opfer oder Handelnder zu sein, Verantwortung im eigenen Leben zu übernehmen – beschäftigt sich einer der Autoren dieses Buches eingehend in dem Band „Agiere – Schritte zur Kraft des Handelns".)

Denkanstoß:
Akzeptieren Sie Ihr Leben so, wie es ist. Denn Sie entscheiden, was daraus wird.

Wer Verantwortung für das eigene Tun übernimmt, handelt so, wie er muss. Weil er es sich selbst gegenüber schuldig ist.

Rein intuitiv gehandelt: Das Richtige tun im rechten Augenblick

Einige Seiten zuvor, als es um die instinktiven Bauchentscheidungen ging, haben wir das Thema Intuition bereits gestreift. Jetzt wollen wir uns einmal ausführlich mit diesem Phänomen beschäftigen.

Obwohl die verstandesmäßige Komponente unbestritten eine große Bedeutung für das Verhalten hat, gibt es im Unterbewusstsein andere Elemente, die auf den Menschen einwirken und ihn bei seinen Entscheidungen leiten. Wenn Sie beispielsweise den tieferen Sinn der Dinge detailliert erfassen wollen, brauchen Sie einen Schlüssel. Die Intuition ist solch ein Türöffner.

Für den Begriff Intuition gibt es vielfältige Erklärungen. Goethe spricht von einer Offenbarung, die sich aus dem inneren Menschen entwickelt. C.G. Jung versteht darunter eine Art instinktiven Begreifens. Beide Definitionen laufen auf das Gleiche hinaus: die Erkenntnis, dass es möglich ist, etwas zu verstehen, ohne das Wie und das Warum erklären zu können.

Denkanstoß:
Wer spontan seiner Intuition folgt, trifft in den meisten Fällen eine richtige Entscheidung.

Ob wir nun Begriffe wie Sensibilität, Einfühlungsvermögen, Ahnung oder unbewusste Wahrnehmung verwenden, bleibt eigentlich unerheblich. Wenn wir spüren, dass etwas in der Luft liegt, springt plötzlich der intuitive Funke über. Meist unerwartet, aber dennoch im richtigen Moment. Intuition ist eine natürliche Fähigkeit, die bei typischen Kopfmenschen weniger ausgeprägt sein kann als bei Gefühlsmenschen. Aber stets fungiert sie als Schlüsselelement bei Entdeckungen und Entscheidungen im täglichen Leben. Oftmals mit erfolgreichem Ausgang. Wenn Sie spontan einer Intuition folgen, handeln Sie in den meisten Fällen mit Fortune.

Intuition hat eine äußerst positive Eigenschaft: Sie kommt uns meist dann zu Hilfe, wenn wir es längst aufgegeben haben, ein Problem lösen zu wollen. Im Umkehrschluss heißt das: Intuition kann nicht erzwungen werden. Meist meldet sie sich erst dann, wenn wir an etwas völlig anderes denken.

„Wer lange denkt, der wählt nicht immer das Beste." Johann Wolfgang v. Goethe

Bedauerlicherweise ist nun nicht jede spontane Eingebung gleich schon eine Intuition. Oft sind es auch gelernte Äußerungen oder Glaubenssätze anderer Menschen, die sich auf diese Art bei uns melden. Das macht das Erkennen schwer. Die Beschäftigung mit Ihren kreativen Ideen kann Ihnen aber helfen, zwischen Beeinflussung und Intuition zu unterscheiden. Ebenso bringt es Sie weiter, Potenziale freizusetzen und zu aktivieren. Dann werden Sie Ihre Entscheidungen künftig nicht allein auf der Basis von Fakten fällen, sondern mit ganzer Überzeugung. Schließlich stehen Ihnen jetzt nicht nur die Grundwerkzeuge Denken, Analyse und Planung zur Verfügung, sondern als zusätzliches Instrument weist die Intuition den Weg zur richtigen Entscheidung.

Gefühl schlägt Verstand: Die Zukunft eröffnet neue Möglichkeiten

Zukunftsforscher sind sich einig: Mittelfristig wird der Verstand seine dominante Rolle in der Entscheidungsfindung zugunsten gefühlsorientierter Faktoren einbüßen. Willkommen in einer Welt, in der die globalen Grundsatzbeschlüsse nicht mehr von Zahlen, Computern und Börsenkursen bestimmt werden, sondern von Intuitions-Spezialisten mit Weitblick.

Doch noch sind wir nicht soweit.

Für Albert Einstein war die Intuition das, was wirklich zählte. Weil sie den Menschen in die Lage versetzt, jede Situation voll auszuschöpfen. Wer aber weiß schon, wie er diese Möglichkeiten am besten nutzen kann? Vielleicht fragen Sie sich jetzt: Wie kann ich durch Intuition schneller zum Erfolg kommen? Was muss ich tun, um meine Weiterentwicklung zu fördern? Wie kann ich mich selber motivieren, die Erkenntnisse praktisch umzusetzen? Und welche Perspektiven ergeben sich daraus?

„Die einfachste und bekannteste Wahrheit erscheint uns augenblicklich neu und wunderbar, sobald wir sie zum ersten Mal an uns selbst erleben."
Marie v. Ebner-Eschenbach

Nähern wir uns diesen Fragen ganz nüchtern. Sobald Sie gelernt haben, Ihr inneres Reservoir anzuzapfen, wie Sie es in der Übung „Bringen Sie Ihre Vision zu Papier" trainiert haben, werden Sie zur rechten Zeit am richtigen Ort das Richtige sagen, tun und bewirken. Sie wissen dann genau, wann es Zeit ist, aktiv zu werden. Das gelingt auch Ihnen.

Entfalten Sie Ihre Fähigkeiten, werden Sie die Persönlichkeit, die Sie wirklich sind. Lassen Sie Ihrer Intuition freien Lauf. Und Sie können sicher sein: Es gibt mehr wahrzunehmen und zu verstehen, als Sie bisher geglaubt haben. Auf einmal bekommen Sie ein Gespür für das Glück, das irgendwo auf Sie wartet und an dem Sie sonst achtlos vorbeigehen würden.

Sie haben nie gelernt, auf Ihr Selbst zu vertrauen und der inneren Wahrheit zu folgen? Wenn schon. Jeder kann lernen, jeder kann Vergessenes neu aktivieren. Folgen Sie Ihrer Intuition auch dann, wenn Sie zurzeit noch Zweifel haben. Sie werden die Erfahrung machen: Ihre Intuition hat immer Recht.

Jeder Tag bringt neue Chancen, Ihre Intuition zu fördern und zu trainieren: Wie schnell fahren Sie gerade mit dem Auto? Wie spät mag es sein? Was macht mein Gesprächspartner wohl beruflich? Geht diese Beziehung gut aus? Wer mag am Telefon sein? Erspüren Sie es, erahnen Sie es! Übrigens: Auf Ihren Einwurf, dass auch Logik und Verstand zu einem richtigen Entschluss führen, haben wir gewartet. Damit haben Sie natürlich Recht. Der Vorteil der intuitiven Entscheidung liegt in der Schnelligkeit und der umfassenden Einbeziehung aller Einflussfaktoren. Die Intuition stimmt immer. Für alle fünf Lebensbereiche. Und dürfen wir Sie daran erinnern, wie oft Sie schon eine verstandesmäßige Entscheidung korrigieren mussten?

Begießen, düngen, pflegen: Ärmel hochkrempeln für die Gartenarbeit

Um wachsen zu können, benötigt jede Pflanze bestimmte Voraussetzungen. Dem zarten Pflänzchen Intuition geht es nicht anders. Es braucht eine Menge mentaler Gartenarbeit zum Gedeihen. Wie gut die Entwicklung fortschreitet, liegt nicht zuletzt an Ihrer Einstellung, Ihren Gedanken und Vorurteilen.

Prüfen Sie, welche Einstellung Sie zur Intuition haben. Sind Sie skeptisch gegenüber Ihrer inneren Stimme, werden Sie misstrauisch, wenn Sie sich auf Gefühle verlassen sollen? Dann macht es Sinn, sich Ihre Einstellung genauer anzuschauen. Oder nach Glaubenssätzen zu suchen, die Ihre Intuition ausbremsen. Lernen Sie, die Intuition und ihre Wirkung zu akzeptieren. Probieren Sie es erst einmal aus. Vielleicht für eine Woche oder zwei. Ab drei Wochen haben Sie die Chance, dass intuitive Entscheidungen zu einer neuen Gewohnheit werden. Lassen Sie Ihre Intuition einfach zu! Bekennen Sie sich zur Spontaneität. Verabschieden Sie sich von dem Gedanken, dass einzig und allein gut sein kann, was auch vernünftig ist. Seien Sie ganz Sie selbst, und Sie werden sich wundern, wie viel Spaß das Leben machen kann. Denn jetzt sind Sie auf dem besten Weg zum persönlichen Glückserfolg.

Genau zu diesem Ergebnis kam der Anthropologe Rolf Schirm. Er fragte führende Persönlichkeiten, weshalb manche Menschen erfolgreicher sind als andere. Seine Erkenntnis: Menschen, die Erfolg haben, sind ganz sie selbst.

Ganz entscheidend ist jetzt für Sie, sich zu öffnen und Ihre Zweifel über Bord zu werfen. Von wegen „Das kann ich nicht"! Geben Sie Ihrer Intuition eine Chance. Sie werden sehen, welche Wohltat dies für Ihr Selbstbewusstsein ist!

> „Eine Erfolgsformel kann ich dir nicht geben; aber ich kann dir sagen, was zum Misserfolg führt: Der Versuch, jedem gerecht zu werden."
> Herbert Swope

Folgen Sie Ihrer inneren Stimme – und Ihr Problem ist gelöst

Nicht von ungefähr gelten intuitive Menschen als selbstbewusst, unabhängig und von Grund auf positiv eingestimmt. Sie sind offen und flexibel, lassen sich nicht in Regeln und Vorschriften pressen. Und: Sie haben keinerlei Angst vor Veränderungen. Wenn auch Sie bald zu diesem Kreis gehören möchten, können wir Ihnen nur eines raten:

Glauben Sie daran, dass Ihre Intuition die ideale Lösung für Ihre Probleme und Ihren Lebensweg findet. Folgen Sie ihr, und das Glück lässt nicht mehr lange auf sich warten.

Intuition ist das probate Mittel, um sich selbst zu beraten, zu steuern und zu lenken. Sie hilft Ihnen, Gegenwart und Zukunft optimistisch zu sehen. Kurzum: das Leben zu genießen.

Um intuitiv handeln zu können, benötigen Sie einen guten Kontakt zu Ihrer Gefühlsebene. Voraussetzung dafür ist, dass Sie Ihre eigenen Gefühle wahrnehmen. Diese Fähigkeit können Sie trainieren, indem Sie sich drei- bis fünfmal täglich bewusst machen, was Sie fühlen. Atmen Sie dabei tief ein und aus. Gehen Sie bei jedem Einatmen mit Ihrer Aufmerksamkeit weiter nach innen und lassen Sie mit jedem Ausatmen ein Stück mehr los von der Außenwelt. Versenken Sie sich ganz in Ihre Empfindungen, um Sie zu benennen und notieren zu können. Auch wenn Sie künftig eine Entscheidung treffen, sollten Sie darauf achten und aufschreiben, was Sie dabei fühlen. Und nun kommt es darauf an, Ihren vom Verstand her gefassten Entschluss mit Ihrem Gefühl abzugleichen. Überlegen Sie sich, wie Sie in derselben Situation aus dem Bauch heraus entscheiden würden. Dann vergleichen Sie beide Entscheidungen in ihren möglichen Auswirkungen.

Auf diese Weise bekommen Sie ein feineres Gespür für die Abläufe auf Ihrer Gefühlsebene und öffnen sich für Ihre intuitiven Eigenschaften.

2.7. „Ein paar Tage nur für mich": entspannt zu neuen Ufern

Der Sinn des Lebens stellt sich nicht über Nacht ein. In unserem kleinen „himmlischen Beispiel" musste der Mensch auch erst in den tiefsten Tiefen und auf den höchsten Höhen danach suchen. Wir müssen begreifen, dass die Erkenntnis ein langwieriger Prozess ist. Immer wieder unterbrochen von Phasen des Innehaltens und Stillwerdens, in denen der Mensch aus dem Kreislauf des Alltags aussteigt. In diesen Momenten – wir nennen sie „Bergtage" – kann sich alles setzen, was wir in der täglichen Hektik erleben. Selbst wenn es manchmal nur Stunden oder gar Minuten sind, in denen wir zur Ruhe kommen, bringt uns diese Selbstbesinnung weiter. Denn durch die Verinnerlichung des Erlebten wird unsere Intuition gestärkt und gefördert.

Denkanstoß:
Schalten Sie einfach mal ab. Denn in der Ruhe liegen neue Kraft und Erkenntnis.

Diese Phasen des Aussteigens und der intensiven Entspannung kommen auch unserem Lebensrad zugute, das danach wieder rund wie am ersten Tag läuft. Selbstverständlich müssen wir allen fünf Speichen die notwendige Wartung zukommen lassen. Also Visionen und Ziele prüfen, Pläne festlegen oder verbessern, Schwerpunkte korrigieren. Dann erwartet Sie eine erfüllte Zeit, die Sie lachen, lieben und mit Freude leben lässt. In der Sie einfach glücklich sind.

Fazit:
- Halten Sie sich täglich die kleinen Dinge vor Augen, die Sie glücklich machen.
- Akzeptieren Sie, dass Sie Ihr Glück nicht abonnieren können.
- Machen Sie sich Ihre verschiedenen Rollen und Identitäten im Alltag bewusst und erschließen Sie sich neue Handlungsspielräume.
- Nutzen Sie gezielt Ihr persönliches Potenzial und profilieren Sie sich damit.
- Finden Sie Ihre Vision, Ihre Mission in Ihrem Leben.
- Vertrauen Sie Ihrer Intuition.
- Nehmen Sie sich Zeit für sich selbst.

Reflexion
Jetzt sind Sie dran: Denken Sie weiter

Sie haben sich gründlich umgeschaut. Was gibt Ihrem Leben Sinn? Wie beschreiben Sie jetzt Ihre Ziele? Wofür möchten Sie Verantwortung übernehmen? Wo wollen Sie wirklich hin? Sobald Sie es wissen, machen Sie sich auf den Weg – go!

3. Gesunde Vitalität: Die Quelle für Kraft und Wohlbefinden

In diesem Kapitel geht es um Ihren Körper. Die 10 Gebote der gesunden Ernährung zeigen Ihnen, wie Sie gesund, fit und leistungsfähig werden und bleiben können mit dem richtigen Essen und Trinken. Sie überprüfen Ihre Einstellung zum Essen und erhalten konkrete Tipps, wie Sie sich während eines langen, harten Arbeitstages gesund ernähren können. Mit einem Drei-Stufen-Programm zur Änderung Ihres Essverhaltens können Sie sofort aktiv werden. Und dann widmen wir uns noch einem Thema, das für viele ständig auf der Agenda steht: der Kampf gegen überflüssige Pfunde und das Diäten. Dazu beschäftigen wir uns mit den Zusammenhängen zwischen Essverhalten und Bewegung. Denn Bewegung im Alltag und Sport in der Freizeit halten Ihren Körper fit.

Sie haben sich für die nächste Zeit einiges vorgenommen und möchten nun mit Elan daran gehen, Ihre Pläne in die Tat umzusetzen. Dafür brauchen Sie nicht nur einen festen Willen, sondern auch eine Menge Kondition. Genau so wie ein Langstreckenläufer viel Kraft und Ausdauer benötigt, um erfolgreich über die Runden zu kommen. In diesem Kapitel wollen wir Ihnen zeigen, was Sie für Ihre Fitness tun können. Dazu ist es zunächst einmal erforderlich, Ihren Körper und seine Bedürfnisse zu verstehen. Deshalb: Kommen Sie mit Ihrem Körper ins Gespräch! Dabei werden Sie erstaunliche Möglichkeiten entdecken, um Ihre Leistungsfähigkeit so zu steigern, dass Sie Ihre gesteckten Ziele erreichen können, ohne unterwegs schlapp zu machen.
Manche treiben Kult mit ihm, einige vernachlässigen ihn sträflich, andere wiederum bringen ihn zu Höchstleistungen. Wie die Menschen mit ihrem Körper umgehen, ist individuell sehr unterschiedlich.
Deshalb wollen wir uns in diesem Kapitel einmal ausführlich damit befassen, was Sie für Ihre Gesundheit, Ihr körperliches Wohlbefinden und Ihre Leistungsfähigkeit tun sollten. Damit dieser wichtige Lebensbereich nicht aus den Fugen gerät (ebenso wenig wie Ihr Körper) und die Harmonie im Zusammenspiel mit den anderen Faktoren stört. Entdecken Sie Ihren Körper als Quelle der Lust – nicht als Last.

3.1. Ernährung: Du bist, was Du isst

"Kein Vielfraß
wird geboren,
sondern
erzogen."
Deutsches
Sprichwort

Es gibt eine ganze Reihe von Faktoren, die maßgeblich für Ihren körperlichen Zustand mitverantwortlich sind. Vor allem die Art und Weise, wie Sie sich ernähren, gehört unbedingt dazu.

"Sage mir, was du isst - und ich sage dir, wer du bist." Damit ist der enorme Einfluss beschrieben, den die Ernährung auf den Menschen ausübt. In der Tat kann das, was wir täglich zu uns nehmen, mittelfristig über Gesundheit oder Krankheit entscheiden.

Der Kummer mit dem Speck – krank durch zu viel Fett

Heute leidet weit über ein Drittel der Deutschen unter einem erhöhten Cholesterinspiegel; 90 Prozent dieser über Normal liegenden Werte sind darauf zurückzuführen, dass zu fett gegessen wird. Wer dagegen seinen Fettkonsum einschränkt, bleibt erwiesenermaßen länger gesund und fit. Wussten Sie zum Beispiel, dass 40 Prozent aller Krebserkrankungen durch eine ausgewogene und vor allem fettarme Ernährung vermieden werden können? Oder dass Sie Ihr Gewicht nur um 10 Prozent reduzieren müssen, um die Infarktgefahr deutlich zu senken? Auch andere, weit verbreitete Zivilisationskrankheiten wie Arteriosklerose, Bluthochdruck oder Fettstoffwechselstörungen haben ihren Ursprung häufig in den maßlos angefutterten Pfunden.
Das sind Ergebnisse, die nachdenklich stimmen.

Die leckere Verführung – kann denn Essen Sünde sein?

Überlegen Sie bitte: Wann haben Sie das letzte Mal so richtig Hunger gehabt? Das ist schon eine Weile her, nicht wahr? Oft wird gefuttert, was Kühlschrank und Vorratskammer hergeben – und zu allen möglichen Zeiten. Die allgegenwärtige Verführung zum Essen macht es uns allen schwer, standhaft zu bleiben. Die Werbung lockt immer wieder mit neuen kulinarischen Genüssen, die wir natürlich probieren wollen. Im Supermarkt drängen uns die vielen Angebote zum Zugreifen. Hinzu kommt, dass gerade in Deutschland die Lebensmittelpreise recht günstig sind. Am Essen zu sparen braucht also niemand. Und weil alles, was wir gerne mögen, stets reichlich vorhanden ist, fällt das Verzichten nicht leicht. Selbst wenn sich ab und zu das schlechte Gewissen melden sollte.

Denkanstoß:
Die meisten Menschen trauen sich nicht, eine Einladung zum Essen abzulehnen. Aus Angst, den Gastgeber zu beleidigen. Die Figur muss dafür häufig büßen.

Aber auch gesellschaftliche Verpflichtungen bringen uns oft in die Zwickmühle. Denken Sie nur an die Geburtstagsfeiern im Betrieb, bei denen die Kollegen in Sahnetorten schwelgen – obwohl das Mittagessen nur kurze Zeit zurückliegt. Das Stück Kuchen ablehnen? Wie unhöflich! Ebenso werden Geschäftsessen häufig zu einer Gratwanderung zwischen konsequenter Haltung und Kleinbeigeben. Eigentlich wollten Sie nur einen figurfreundlichen Salat bestellen – aber schließlich sind Sie doch bei der Gänsekeule und Mousse au Chocolat zum Nachtisch gelandet. Ihr Tischpartner hätte es wohlmöglich übelgenommen, wenn Sie seine Einladung nicht entsprechend gewürdigt hätten.

Halten wir fest: Statt von einem knurrenden Magen werden unsere Essgewohnheiten zunehmend von äußeren Reizen und Einflüssen bestimmt. Fragen Sie sich einmal selbst, in welchen Situationen Sie etwas essen, ohne wirklich Appetit oder Hunger zu haben. Sie werden zu der Erkenntnis gelangen, dass viele Zwischendurch-Snacks gar nicht nötig sind. Ob aus Langeweile, Gewohnheit oder um anderen Gesellschaft zu leisten: Wir lassen uns viel zu häufig zum Essen verleiten.

Denkanstoß:
Wenn es ums Essen geht, sind wir häufig fremdbestimmt. Fatal dabei ist, dass wir uns gern verführen lassen und nur schlecht nein sagen können.

Ein Teller voll Genuss: häppchenweise zum Glücksgefühl

Andererseits wäre es auf lange Sicht frustrierend, die Nahrungsaufnahme lediglich auf die Befriedigung von Grundbedürfnissen zu reduzieren. Selbstverständlich wollen wir satt werden und den Durst löschen – wir wollen unsere Mahlzeit aber auch genießen. Denn Essen und Trinken sind sinnliche Erlebnisse, die unmittelbar auf unser Befinden einwirken. Ein Stück Schokolade zwischendurch hebt Ihre Laune augenblicklich; nach Feierabend eine Pizza beim Italiener – mit vollem Magen sieht der Tag rückblickend schon wesentlich freundlicher aus. Das Glas Sekt, das Sie mit Ihrem Partner trinken, stimmt festlich und froh.

Essen sollte kein Ritual sein

Bei zahlreichen Gelegenheiten übernehmen kleine oder große Leckerbissen eine Ritualfunktion. Mit einem Abendessen in einem guten Restaurant belohnen wir uns für eine gelungene Arbeit; mit einer Flasche Wein sagen wir Dankeschön für geleistete Dienste und mit einer Schachtel Pralinen entschuldigen wir uns vielleicht für ein unbedachtes Wort.

„Wenn es am besten schmeckt, sollte man aufhören." Deutsches Sprichwort

Doch auch wenn es noch so phantastisch schmeckt: Verzichten Sie vor dem Zu-Bett-Gehen lieber auf ein üppiges Menü. Denn während Ihr Körper hart daran arbeitet, all die guten Sachen zu verdauen, können Sie schlecht ein- und durchschlafen. Deshalb greifen Sie spätabends lieber zu leichter Kost, wenn der kleine Hunger kommt. Ein Stück Obst oder ein Joghurt belasten nicht und machen trotzdem satt und zufrieden. Dieser Tipp gilt übrigens auch für die Pause am Arbeitsplatz.

3.2. Rundum wohlfühlen: durch Power à la Carte

Die abgebildete Ernährungspyramide zeigt Ihnen, wie Sie Ihre Nahrung am günstigsten zusammenstellen. Die breite Basis bilden Getreideprodukte, die den größten Teil an Ihrer Ernährung haben sollten. Obst und Gemüse, die Sie in zweiter Linie zu sich nehmen sollten, finden Sie darüber usw., bis an der Spitze die ungesunden tierischen Fette und Leckereien nur noch in geringer Menge abgebildet sind. Bauen Sie Ihren Speiseplan nach dem Bild der Pyramide auf.

Eine vollwertige, ausgewogene Ernährung steigert Ihre Vitalität, macht eine tolle Figur und wirkt sich positiv auf Ihr Lebensgefühl aus. Doch was heißt das konkret? Die Faustregel für das, was gesundes Essen ausmacht, lautet: Eine ausreichende Menge an Kohlenhydraten, nicht zu viel Eiweiß, wenig Fett, viel Wasser, Vitamine, Spurenelemente, Mineralien und Ballaststoffe. Auf einem idealen Speiseplan sollten also überwiegend Obst und Gemüse, Milchprodukte, Nudeln und Brot aus Vollkorn sowie mageres Fleisch und Fisch stehen.

> „Gesundheit schätzt man erst, wenn man sie verloren hat."
> Deutsches Sprichwort

Wenn Sie diese Zutaten verstärkt in Ihre tägliche Ernährung einbauen, werden Sie bald spüren: „Mir geht es immer besser!" Geistig sind Sie jederzeit voll da, denn Ihre Konzentrationsfähigkeit und Ihr Gedächtnis arbeiten auf Hochtouren. Während die Kollegen mit Schnupfennasen herumlaufen, bleiben Sie dank Ihrer gestärkten Immunabwehr meistens gesund und munter. Überhaupt sind Sie wesentlich belastbarer und leistungsfähiger geworden. Dazu gehört auch, dass Sie ganz cool bleiben, wenn es mal heiß hergeht. So leicht kann Sie nichts mehr erschüttern. Guter Schlaf, eine funktionierende Verdauung und mehr Spaß am Sex tun ein Übriges, damit Sie sich rundum wohlfühlen.

Jetzt werden Sie unter Umständen folgenden Einwand anbringen: Die Bedeutung des Essens ist für den Einzelnen doch sicher recht unterschiedlich. Der eine schwört auf Vollwertkost, der andere findet sein Himmelreich bei Big Macs und Fischburgern, der Dritte lebt nur für den Genuss, während der Vierte sich ständig auf dem Diät-Trip befindet. Richtig. Gerade deshalb ist es so wichtig, dass Sie sich selbst über Ihre eigene Befindlichkeit im Klaren sind. Dies führt Sie geradewegs zu einer neuen bedeutsamen Frage: Bekommt mein Körper all das, was er braucht, um leistungsfähig und gesund zu bleiben?

Ändern Sie was: Essen Sie sich fit

Führende Ernährungsspezialisten und Mediziner - genauere Informationen finden Sie im Anhang - haben Tipps und Rezepte entwickelt, aus denen wir für Sie einen Fahrplan zum Wohlfühlen zusammengestellt haben. Halten Sie sich daran – und Sie kommen fit über die Runden. Lesen Sie nun die 10 Gebote für mehr Vitalität und Gesundheit.

Das erste Gebot: Verbote sind verboten

Wir sagen Ihnen auch sofort, warum. Alles Verbotene reizt uns besonders. Bekanntlich schmecken die Kirschen in Nachbars Garten viel

„Nach dem
Verbotenen
streben wir
stets, das
Versagte
begehrend."
Ovid

besser als die eigenen. Deshalb: Verbieten Sie sich nichts, wenn es ums Essen und Trinken geht. Denn es führt in den meisten Fällen nur zum gegenteiligen Effekt. Ihre Vernunft sagt: Ab sofort Hände weg von der Schokolade. Doch irgendetwas in Ihrem Kopf spielt nicht mit. Immer häufiger müssen Sie an die begehrte Vollmilch-Nuss denken, bis Sie dem Heißhunger nicht länger widerstehen können. Die guten Vorsätze gehen über Bord, die ganze Tafel in den Mund, und das Ende vom Lied ist: Sie haben viel mehr Schokolade gegessen als sonst. Das Verbot ist verpufft.

Sie können sich aber relativ leicht selbst überlisten. Die Taktik muss lauten: Nicht verbieten, sondern belohnen. Praktisch sieht das so aus, dass Sie sich in bestimmten, festgelegten Situationen ein Stückchen Schokolade erlauben. Als Streicheleinheit dafür, dass Sie etwas Besonderes erreicht haben.

Abgesehen davon: Es gibt keine gesunden und ungesunden Lebensmittel. Ausschlaggebend für die Auswirkungen auf Ihr Wohlbefinden sind die Menge, die Auswahl und die Kombination. In diesem Sinne – genießen Sie die Vielfalt ohne Reue.

Das zweite Gebot: Viel trinken – aber das Richtige

Kaum zu glauben: Täglich verliert der Körper etwa 2,5 Liter Flüssigkeit. Wenn Sie also auf Dauer nicht austrocknen wollen, muss dieser Verlust schnellstens ersetzt werden. Mit der festen Nahrung holen Sie sich ungefähr die Hälfte wieder zurück. Die restlichen anderthalb Liter liefern Getränke. Mindestens 1,5 bis 2 Liter sollten es schon sein. Diese Rechnung geht allerdings nicht immer auf. In besonderen Situationen, etwa bei sportlicher Betätigung, heißen Temperaturen, Fieber oder einer Durchfallerkrankung, braucht Ihr Körper wesentlich mehr. Daran sollten Sie denken.

Ohne Flüssigkeit läuft im Organismus gar nichts. Deshalb ist Wasser für den Menschen das Lebenselixier schlechthin. Nur wenn der Pegel in unserem Wasserhaushalt im grünen Bereich der Skala steht, funktionieren die Abläufe im Körper einwandfrei. Dann haben Sie keine Schwierigkeiten mit der Durchblutung, der Kreislauf arbeitet perfekt und Ihre Leistungsfähigkeit liegt bei hundert Prozent. Ist der Wasserstand dagegen zu niedrig, lassen Sie bald müde den Kopf hängen. Wie eine Blume, die lange nicht gegossen wurde. Ein Problem, das heutzutage viele Menschen haben.

Der Grund dafür: Die meisten Erwachsenen trinken einfach zu wenig. Keine Zeit, keine Lust, kein Durst. Besonders im zunehmenden Alter lässt das Durstgefühl spürbar nach. Deshalb sollten Senioren verstärkt auf eine ausreichende Getränkeration achten. Also gut, sagen Sie sich – ab sofort wird viel getrunken. Aber was?

Denkanstoß:
Wasser ist der Quell des Lebens – versorgen Sie sich deshalb immer reichlich damit.

Bedenkenlos und ohne Limit können Sie zu Trinkwasser, Mineralwasser und ungesüßten Kräuter- oder Früchtetees greifen. Obstsäfte eignen sich auch als Durstlöscher, nur sollten sie mit Wasser im Verhältnis 1:1 verdünnt werden. Das mindert nicht nur die Anzahl der Kalorien, sondern reduziert auch den für Ihre Zähne gefährlichen Zucker. Problematischer wird es bei Kaffee und schwarzem Tee. Auch die beliebte Cola sollten Sie besser auf den Index setzen. All diesen Getränken ist eines gemeinsam: Sie enthalten Koffein. Dieser Stoff wirkt harntreibend und entzieht damit dem Körper vorübergehend Wasser. Allerdings wird der Wasserhaushalt im Laufe des Tages wieder ausgeglichen. Dennoch ist das Glas Wasser zum Kaffee eine gute Idee.

Hier noch drei Extra-Tipps zum Thema Trinken:
• Keine eiskalten Getränke – Ihr Magen liebt es wohltemperiert.
• In kleinen Schlucken trinken – das beste Rezept gegen den Schluckauf.
• Morgens schon die Tagesration bereitstellen – so schaffen Sie Ihr Pensum.

Noch ein Wort zum Alkohol. Auch hier gilt „Maß halten". Gegen ein oder zwei Glas Wein lässt sich nichts sagen. Wissenschaftler haben errechnet, dass für Männer maximal 20 Gramm Alkohol pro Tag gesundheitlich akzeptabel sind. Diese Menge entspricht einem viertel Liter Wein oder einem halben Liter Bier. Frauen sollten sich, da kleiner und schmaler gebaut und mit einer anderen Muskel-Fett-Verteilung ausgestattet, mit der Hälfte zufrieden geben! Es besteht also kein Anlass, ganz ins Lager der Abstinenzler zu wechseln. Aktuelle Untersuchungen haben sogar augenscheinlich ergeben, dass Menschen mit einem regelmäßigen moderaten Alkoholkonsum im Schnitt gesünder sind und länger leben. Vor allem erkranken sie weniger an Herzinfarkten und Schlaganfällen. Allerdings kommen zu diesem Thema ständig widersprüchliche Studien auf den Markt. Achten Sie daher gerade beim

„Sorgen ertrinken nicht im Alkohol. Sie können schwimmen."
Heinz Rühmann

Alkoholtrinken strikt auf die Häufigkeit und auf die Menge! Zuviel ist in jedem Fall ungesund.

Denkanstoß:
Alkohol gehört nicht zu den alltäglichen Getränken.
Ein Glas Wein oder Bier zählt daher auch immer extra.
Im Übrigen gilt die Devise: Maß halten!

Das dritte Gebot: Obst und Gemüse satt

Das Beste, was Sie für Ihre Gesundheit tun können, ist: fünfmal am Tag frisches Obst und Gemüse essen. Faustregel: Eine Portion ist soviel, wie in Ihre Hand passt. Solo als Zwischenmahlzeit oder als Beilage zum Hauptgericht. So wird Ihr Organismus reichlich mit Vitaminen, Mineralien, Ballaststoffen und anderen lebenswichtigen Nährstoffen versorgt. Und Sie bleiben schlank dabei!

Damit keine Langeweile aufkommt, machen wir Ihnen einen appetitanregenden Vorschlag:
• Zum Frühstück ein Stück Obst ins Müsli oder ein Glas Orangensaft.
• Zur Pause zwischendurch ein Glas Gemüsesaft oder etwas Rohkost zum Knabbern. Paprika, Möhren, Bleichsellerie, Gurke – Sie haben freie Wahl.
• Zum Mittagsessen eine große Portion Gemüse.
• Am Nachmittag ein bisschen Obst als Snack.
• Zum Abendbrot einen kleinen buntgemischten Salat.

„Unsere Nahrungsmittel sollten Heil-, unsere Heilmittel Nahrungsmittel sein." Hippokrates

Übrigens empfehlen wir Ihnen, bevorzugt Obst und Gemüse der Saison aus Ihrer Region zu kaufen – alternativ schockgefrostete (Bio-)Ware. Damit haben Sie die Gewähr, wirklich frische, naturbelassene Ware mit dem vollen Vitamin- und Nährstoffgehalt zu bekommen. Bei exotischen Sorten aus fernen Ländern geht auf dem langen Transport viel von den wertvollen Inhaltsstoffen verloren. Früchte und Gemüse sind wahre Bodyguards für unsere Gesundheit. Denn nur sie verfügen über die so genannten sekundären Pflanzenstoffe, die uns im Kampf gegen lebensbedrohende Krankheiten wie Krebs beistehen. Unter anderem gehören die Carotinoide und der rote Farbstoff der Tomaten, das Lycopin, dazu. Beide haben sich erfolgreich als Tumorkiller bewährt. Außerdem können sekundäre Pflanzenstoffe die Ausbreitung von Bakterien hemmen, vor Infektionen schützen, die Immunabwehr stärken und Herz-Kreislauf-Erkrankungen vorbeugen. Wenn Sie täglich genügend Grünzeug essen, beeinflussen Sie damit positiv Ihre Blutzuckerwerte und Ihren Cholesterinspiegel. Auch die Verdauung arbeitet einwandfrei; Ihr Blutdruck bleibt stabil. Ebenso wie Ihr Gewicht, denn Angst vorm Zunehmen brauchen Sie bei dieser kalorienarmen Kost bestimmt nicht zu haben. Vorausgesetzt, Sie verzichten auf fette Salatsoßen und nehmen zum Verfeinern einen Stich Butter weniger ...

Übrigens: Bereits fünf Portionen Obst und Gemüse täglich reichen aus, um die Hälfte der notwendigen Ballaststoffmenge zu decken. Die andere Hälfte beschaffen Sie sich über Kartoffeln, Brot, Nudeln oder Müsli.

Eigentlich ist es doch gar nicht schwer, sich gesund zu ernähren!

Übung
Beobachten Sie Ihren Obst- und Gemüsekonsum

Führen Sie bitte über 4 Wochen hinweg Ihr „Obst- und Gemüse-Tagebuch". Denn viele Erwachsene – und noch mehr Kinder – haben sich das Obst- und Gemüse-Essen regelrecht abgewöhnt ...
Wie steht es um Sie?

1. Montag

Heute habe ich an Obst und Gemüse gegessen:

Frühstück:

Vormittag:

Mittagessen:

Snack:

Abendessen:

Diese Übung können Sie als komplettes Wochen-Arbeitsblatt von unserer Website www.buhr-team.com/de/logins herunterladen.

Das vierte Gebot: Bewusst und langsam essen

Es dauert rund 20 Minuten, bis Ihr Magen dem Gehirn signalisiert: Ich bin satt! Wenn Sie nun gewohnt sind, im Eiltempo den Teller zu leeren, essen Sie unter Umständen zu viel. Ohne, dass Sie es merken. Deshalb legen Sie Messer und Gabel öfter mal zur Seite, nehmen kleine Bissen und verlangen nicht sofort einen Nachschlag. Setzen Sie sich zum Ziel, als Letzter mit dem Essen fertig zu werden. Das bekommt Ihnen nicht nur besser, sondern steigert auch den Genuss am Essen. Vergessen Sie bitte auch den dummen Rat aus Kindertagen „Was auf dem Teller ist, wird aufgegessen!" Warum sollten Sie das tun, wenn Sie keinen Hunger mehr haben oder Ihnen das Essen nicht schmeckt?!

„Ein gutes Mahl
sollte mit dem
Hunger
beginnen."
Französisches
Sprichwort

Viele Menschen nehmen erst abends ihre Hauptmahlzeit zu sich. Für sie stellt sich die bange Frage, ob Essen am Abend dick macht. Entwarnung ist die Antwort. Amerikanische Wissenschaftler haben in einer 10-jährigen Langzeitbeobachtung von über 7000 Probanden ermittelt, dass der Zeitpunkt des Essens keine Bedeutung für die Gewichtszunahme hat. Entscheidend ist vielmehr, wie viel und was gegessen wird.

Allerdings besteht nach Feierabend ein gewisses Risiko, über Gebühr zu essen. Denn nach getaner Arbeit sind die Menschen entspannt und nehmen sich mehr Zeit zum Essen und Genießen. Das führt auch dazu, dass mehr Alkohol und Süßigkeiten verzehrt werden. Hier sollte man sich besser kontrollieren.

Tafeln Sie also ruhig weiter nach der Tagesschau, aber achten Sie unbedingt darauf, dass Ihr Souper nicht allzu üppig ausfällt. Und – das gilt generell – bevor Sie sich einen üppigen Nachtisch gönnen, warten Sie die oben beschriebenen 20 Minuten. Und führen Sie ein nettes Gespräch in der Zeit. Wenn Sie dann immer noch Appetit haben, viel Vergnügen! Oder haben Sie inzwischen gar nicht mehr ans Essen gedacht? Wahrscheinlich.

Das fünfte Gebot: Genießen mit Schrot und Korn

Erst einmal wollen wir mit einem weit verbreiteten Vorurteil aufräumen: Kartoffeln und Nudeln sind keine Dickmacher – allenfalls die gehaltvollen Sahne- und Käsesaucen, in denen sie oft schwimmen! Zusammen mit Gemüse spielen Kartoffeln, Reis und Nudeln eine Hauptrolle in der gesunden Ernährung. Sie haben kaum Fett, aber jede Menge Kohlenhydrate und andere wertvolle Inhaltsstoffe. Aus diesem Grund sollten Sie unbesorgt der Empfehlung folgen, mehr Vollkornprodukte und Getreide zu essen, Fleisch dagegen zu reduzieren.

Denkanstoß:
Steigen Sie um auf Obst, Gemüse und Vollkornprodukte. Verzichten Sie lieber auf Fleisch und fetthaltige Speisen.

Mag sein, dass Sie Ihren Speiseplan bereits mit viel Vollwertigem angereichert haben. Dann sind Sie auf dem richtigen Weg. Machen Sie gleich einmal die Probe aufs Exempel. Essen Sie zum Frühstück Brot, Brötchen oder Müsli? Stehen bei Ihnen mittags oder abends entweder Brot, Reis, Nudeln oder Kartoffeln auf dem Tisch? Wenn Sie jetzt Ja sagen können, haben Sie zu Ihren drei Hauptmahlzeiten bereits viele Kohlenhydrate zu sich genommen. Gut so!
Wie sieht es mit den Vollkornprodukten aus? Steigen Sie, falls noch nicht geschehen, vom Weißbrot auf Mehrkorn- oder Vollkornbrotsorten um. Damit liegen Sie genau richtig.

Das sechste Gebot: Machen Sie den Kohl nicht fett

Auch wenn er dann besser schmeckt. Das ist geradezu fatal: Fettreiche Speisen sind besonders lecker. Denken Sie nur an den berühmten „Blubb" im Spinat oder an den Löffel Crème fraîche, der die Soße extra sahnig macht. Aber leider ist zuviel Fett ungesund. Man wird unweigerlich zum Schwergewicht und läuft Gefahr, an Krebs oder Herz-Kreislauf-Beschwerden zu erkranken.
Auch hier gibt es eine einfache Regel: Ein Gramm Fett, möglichst pflanzlicher Herkunft, pro Kilogramm Körpergewicht am Tag genügt, um Ihren Körper mit lebenswichtigen Fettsäuren und fettlöslichen Vitaminen zu versorgen. Durchschnittlich essen wir wesentlich mehr. Nämlich rund 3 Gramm, also das Dreifache der empfohlenen Menge. Dies geschieht noch nicht einmal absichtlich. Denn viele Fette liegen unsichtbar versteckt in Lebensmitteln wie Wurst, Süßwaren, Milchprodukten und Käse. Auch in Kuchen und Keksen sind häufig verborgene Fette enthalten. Auf unser Gefäß-System wirken sich in erster Linie die zahlreichen gesättigten Fettsäuren negativ aus, die vornehmlich in tierischen Fetten vorkommen. Mit Olivenöl haben Sie dieses Problem nicht. Denn die darin enthaltenen einfach ungesättigten Fettsäuren beeinflussen Ihren Cholesterinspiegel günstig und können zudem Gefäßveränderungen entgegenwirken. Nicht von ungefähr steht die mediterrane Küche im Ruf, außerordentlich bekömmlich und gesund zu sein. Denn Spanier, Griechen und Italiener bereiten ihre

Gerichte vorzugsweise mit Olivenöl zu. Das sollten auch Sie tun.

Zu Ihrer Information haben wir an dieser Stelle aufgelistet, wie viel Fett und Kalorien in einigen der gebräuchlichsten Lebensmitteln stecken.

Lebensmittel	Gesamt-Kalorien	Fettkalorien
1 Brötchen	140	6
1 Croissant	200	135
1 Portion Butter/Margarine (10 g)	75	75
1 Scheibe Käse	110	82
1 Teelöffel Marmelade	25	0
1 Apfel	80	5
1 Handvoll Weintrauben	100	4
2 Tomaten	25	1
½ Kugel Mozzarella	160	100
1 Esslöffel Öl	110	110
1 Bratwurst mit Pommes frites	850	550
1 Hamburger	260	110
1 Handvoll Erdnüsse	300	145
½ Tafel Schokolade	270	145
1 Portion Nudeln	200	9
1 Glas Apfelschorle 0,2 l	50	0
1 Glas Cola 0,2 l	90	0
1 Glas Bier 0,2 l	90	0
1 Glas Wein 0,2 l	130	0
1 Glas Grappa 0,02 l	50	0

Aber da gibt es doch diese fettreduzierten Lebensmittel. Können die nicht helfen, das Gewicht zu halten? Da müssen wir warnen: Light-Produkte sind häufig nur kalorienreduziert und nicht kalorienarm. Orientieren Sie sich an den Nährwertangaben, dann sehen Sie, ob Sie tatsächlich etwas einsparen. Wie eine Studie der australischen Deakin-University ergab, sind fettreduzierte Lebensmittel immer noch kalorienreich. Denn Fett als Geschmacksträger wird hier durch vermehrte Mengen an Zucker ersetzt. Umgekehrt wird in zuckerreduzierten Zubereitungen oft mehr Fett eingesetzt. Unterm Strich ist die Kalorienbilanz annähernd gleich. Ein Beispiel? Mit 100 Gramm einer Light-Mayonnaise, die nur 50 % Fett aufweist, haben Sie fast 500 Kalorien auf dem Teller.

Zudem verführen Light-Produkte zum Mehressen. Da ist der psychologische Effekt: Man hat ein gutes Gewissen und futtert einfach mehr.

Und auch der Körper signalisiert weiteren Bedarf, denn Light-Produkte sättigen weniger.
Wählen Sie also lieber Lebensmittel, die natürlicherweise geringere Mengen Fett enthalten.
Allerdings sollten Sie das Fett nicht generell verteufeln. Mit 9,3 Kalorien pro Gramm ist es die stärkste und wichtigste Energiequelle, die unserem Körper zur Verfügung steht. Fett versorgt uns mit den fettlöslichen Vitaminen A, D, E und K sowie den lebensnotwendigen essenziellen Fettsäuren. Und schließlich brauchen zahlreiche Speisen Fett, um ihren vollen Geschmack zu entfalten. Quintessenz für Sie: Wohldosiert ist Fett erlaubt, allzu viel ist ungesund.

Das siebte Gebot : Sparsam sein mit Zucker und Salz

Ganz schön süß: Ein Glas Cola enthält 20 Gramm Zucker. Wahnsinn, was da im Laufe eines durstreichen Tages zusammenkommen kann. Einige Seiten vorher haben Sie bereits erfahren, dass Sie zuckerhaltige Getränke Ihrer Gesundheit zuliebe meiden sollten. Das Gleiche gilt für Lebensmittel, die mit zusätzlichem Zucker hergestellt wurden wie beispielsweise Obstkonserven, und selbstverständlich für alle Süßigkeiten.
Denn Zucker greift nicht nur Ihre Zähne an; zuviel davon macht auch dick und eine schlechte Haut. Außerdem fördert Zucker wiederum den Heißhunger auf was Süßes. Schon sind Sie in einem Teufelskreis, aus dem Sie nur schwer herauskommen. Sollten Sie wieder einmal von solch einer Attacke geplagt werden, greifen Sie zu einem Stück Obst. Das schmeckt auch süß, ist aber gesund und kalorienarm. Aber bitte haben Sie kein schlechtes Gewissen, wenn Sie trotzdem der zuckrigen Verführung erliegen. Ab und zu dürfen Sie ruhig einmal sündigen.

Denkanstoß:
Versüßen Sie sich das Leben – auch ohne viel Zucker.

Auch mit dem Salz ist es so eine Sache. Ob übermäßiges Salzen zu Bluthochdruck führen, ist inzwischen umstritten – bei einigen Menschen scheint es so zu sein. Um nichts zu riskieren, sollten Sie – wenn überhaupt – es bei einer kleinen Prise belassen. Würzen Sie statt dessen lieber mit frischen oder getrockneten Kräutern – auf diese Weise kommt der Eigengeschmack der Speisen viel besser zur Wirkung. Verwenden

Sie bitte auf jeden Fall jodiertes Speisesalz, das inzwischen in allen Supermärkten angeboten wird. Das Jod bietet einen guten Schutz gegen eine Vergrößerung der Schilddrüse – also die ideale Vorsorge, um einen Kropf zu verhindern. Die meisten Menschen meinen übrigens, Salz sei unverzichtbar. Stimmt nicht. Die Vorliebe für allzu viel Salz wurde uns anerzogen und lässt sich mit ein bisschen Übung auch wieder wegtrainieren. Versuchen Sie's mal. Sie brauchen nur 14 Tage lang salzarm zu essen, dann werden Sie diese Art zu würzen nicht mehr vermissen. Auch eine Art, täglich etwas für die eigene Gesundheit zu tun.

Das achte Gebot: Der Mensch lebt nicht vom Steak allein

Nicht alles, was tierisch gut schmeckt, ist auch gut für den Menschen. Fleisch und Wurst zum Beispiel kommen in deutschen Landen viel zu häufig auf den Tisch. Zwar enthält gerade Fleisch einen hohen Anteil an Eisen und Vitaminen des B-Komplexes, doch deshalb müssen Sie nicht täglich ein Steak verputzen. 300 – 600 Gramm in der Woche genügen völlig, um den Körper mit den gesunden Inhaltsstoffen zu versorgen. Wir haben diese Menge für Sie in Naturalien umgerechnet, damit Sie beim nächsten Einkauf eine Richtschnur haben. Ihren Wochenbedarf an Fleisch und Wurst decken Sie mit einem Putenschnitzel und einem Filet von jeweils 150 Gramm, dazu gibt es 1 bis 3 Scheiben Schinken, Salami und Wurst nach Belieben à 20 Gramm. Und bitte achten Sie darauf, möglichst fettarme Produkte auszusuchen.

Denkanstoß:
Ohne Fleisch und Wurst wollen Sie nicht leben? Aber bitte nicht jeden Tag, denn mit einem Pfund in der Woche kommen Sie gut aus.

Bauen Sie außerdem Milchprodukte in Ihr tägliches Essen ein. Denn Joghurt, Quark & Co. sind reich an wichtigen Nährstoffen und liefern das für jede Altersgruppe notwendige Calcium, das die Knochen stärkt und festigt. Ein Glas Milch, ein Joghurt und zwei Scheiben Käse pro Tag – eine bessere Prävention gegen Osteoporose gibt es nicht. Aber auch hier ist es der Kalorien wegen ratsam, zu fettreduzierten Artikeln zu greifen.
Und jetzt noch eine gute Nachricht für alle Fisch-Fans: Fisch ist sehr gesund. Besonders Seefische wie Rotbarsch, Scholle oder Hering

zeichnen sich durch einen hohen Gehalt an Jod, Selen und Omega-3-Fettsäuren aus. Stoffe, die Ihr Organismus unbedingt benötigt, um vital und leistungsstark zu bleiben. Darum sollten Sie mindestens einmal in der Woche ein leckeres Fischgericht einplanen.

Das neunte Gebot: Kein Bissen ohne Appetit

Langeweile, Frust, Gedankenlosigkeit, Gewohnheit – es muss nicht jedes Mal der Hunger sein, der uns zum Essen animiert. Dabei brauchen Sie nur auf Ihren Körper zu hören. Der sagt Ihnen schon, wann Sie sich stärken sollten. Vorausgesetzt, Sie haben ihn nicht schon so gemästet, dass er nicht mehr in der Lage ist, ein normales Sättigungsgefühl zu empfinden.

Streichen Sie also das Sprichwort „Der Appetit kommt beim Essen" aus Ihrem Gedächtnis und ersetzen es durch einen Appell an sich selbst: „Ich esse nur noch das, worauf ich wirklich Lust habe". Damit haben Sie ein perfektes Alibi, um mit schlechten Angewohnheiten Schluss zu machen.

Sie werden nicht mehr automatisch
• den Teller leer essen
• nach dem Essen etwas Süßes naschen
• Nervennahrung in Form von Nüssen und zuckrigem Trockenobst in Griffweite haben (dieses anscheinend gesunde Naschwerk enthält sehr viele Kalorien)
• Chips zum Fernsehen oder Popcorn im Kino futtern
• den Eisbecher mit Sahne bestellen
• das erste Stück Käse in den Mund stecken statt aufs Brot zu legen

Das zehnte Gebot: Essen Sie nicht nebenbei

Verabschieden Sie sich von der Auffassung, Essen sei eine prima Nebenbeschäftigung. Frühstücken beim Zeitungslesen, belegte Brötchen am Computer, Kuchen während der Autofahrt, Pralinen zum Fernsehkrimi – das und ähnliches sollten Sie künftig bleiben lassen.

Legen Sie stattdessen eine Pause ein und konzentrieren Sie sich voll auf den Essgenuss. Dann schmeckt es Ihnen nicht nur besser, sondern Sie können auch jederzeit kontrollieren, wann Sie satt sind.

Gleichzeitig behalten Sie den Überblick darüber, wie viel Sie tatsächlich gegessen haben. Auf diese Weise nehmen Sie garantiert nicht zu. Und

„Mancher glaubt zu genießen, und schlingt doch nur."
Sprichwort aus Frankreich

falls sich doch ein paar Pfunde zuviel bemerkbar machen, sind Sie in der Lage gegenzusteuern. Indem Sie ganz bewusst Ihre Mahlzeiten reduzieren und dem Nebenbei-Naschen aus dem Wege gehen.

3.3. Alles Einstellungssache – ein schwieriges Verhältnis

Nach der „Verkündigung" der zehn Gebote haben Sie nun Gelegenheit, sich mit Ihrer persönlichen Einstellung zum Essen zu befassen. Wie bereits ausgeführt, hat die Ernährung einen wesentlichen Einfluss auf das Wohlbefinden, die Leistungsfähigkeit und die Konzentration. Wie ist das bei Ihnen? Wie fühlen Sie sich nach einer Mahlzeit? Haben Sie beim Essen die Energie getankt, die Ihr Körper benötigt? Antwort auf diese Fragen liefert Ihnen die entsprechende Übung. Anhand der letzten Hauptmahlzeit können Sie dabei leicht Ihre eigene Energiebilanz feststellen.

Übung
Ermitteln Sie Ihre persönliche Energiebilanz

Denken Sie jetzt an Ihre letzte Hauptmahlzeit zurück. Erinnern Sie sich daran, wie Sie sich körperlich und geistig gefühlt haben. Beschreiben Sie nun Ihren damaligen energetischen Zustand anhand der vorgegebenen Wortpaare auf der Skala von 1 bis 10. Sie erhalten dann einen Überblick über die Aktivierung oder Reduzierung, die Sie durch Ihre Mahlzeit erfahren haben.

Energetischer Zustand

müde	1 2 3 4 5 6 7 8 9 10	munter
träge	1 2 3 4 5 6 7 8 9 10	energiegeladen
antriebslos	1 2 3 4 5 6 7 8 9 10	motiviert
unkonzentriert	1 2 3 4 5 6 7 8 9 10	konzentriert

Diese Übung können Sie als Arbeitsblatt von unserer Website www.buhr-team.com/de/logins herunterladen.

Jetzt haben Sie erfahren, wie es um Ihren energetischen Zustand nach dem Essen bestellt ist. Da Sie gerade so gut im Training sind, geht es gleich weiter. Vielleicht haben Sie wie viele andere Menschen auch etliche Probleme mit dem Thema Essen. Zum Beispiel sind Sie mit dem, was Sie zu sich nehmen, unzufrieden. Oder es ärgert Sie ungemein, dass Sie beim Essen nicht Nein sagen können.

Denkanstoß:
Essen soll Genuss sein. Verbindet man damit lediglich ein schlechtes Gewissen, so ist es höchste Zeit, sich mit seinem Essverhalten auseinanderzusetzen.

Möglicherweise schaffen Sie trotz großer Anstrengung die Kurve beim Abnehmen nicht oder aber Sie fühlen sich nach Tisch meistens unwohl, weil Sie immer wieder in den Fehler verfallen, zu hastig zu essen. Oder es gelingt Ihnen nicht, ausgewogener zu essen. Es ist natürlich auch denkbar, dass Sie sich bisher noch gar nicht so intensiv mit Ihrem Essverhalten auseinandergesetzt haben.

Das wird sich vielleicht ändern, sobald Sie sich über Ihre Essgewohnheiten klar werden. Denken Sie gleich einmal über Ihr Essverhalten nach. Und beantworten Sie die Frage, welche der Ernährungstipps, die wir Ihnen bis jetzt gegeben haben, Sie als erstes umsetzen wollen.

Übung
Entscheiden Sie, welche Ernährungstipps Ihnen am meisten zusagen

Kreuzen Sie bitte an, welche 5 Ernährungstipps aus diesem Kapitel für Sie am wichtigsten sind. Wenn Sie etwas verändern möchten, wählen Sie aus diesen 5 den ersten aus, den Sie umsetzen werden. Wenden Sie sich nach und nach den anderen 4 Tipps zu, wenn der erste erfolgreich umgesetzt ist. Sie erhalten so einen Fahrplan für eine erfolgreiche Optimierung Ihrer Essgewohnheiten.

- Verbieten Sie sich nichts – essen Sie lieber bewusster
- Täglich mindestens 2 l trinken – am besten Wasser; wenn Sie viel Sport treiben, besser 3 l
- Kaffee, Tee und Alkohol reduzieren
- Fünfmal täglich frisches Obst und Gemüse essen

- Fettarme Produkte bevorzugen
- Kartoffeln, Nudeln und Vollkornprodukte in den täglichen Speise-
  plan einbauen
- Weniger Fleisch essen
- Mit Zucker und Salz sparsam sein
- Mehr Fisch essen
- Viel Milchprodukte zu sich nehmen
- Langsam essen und aufhören, wenn ich satt bin
- Nicht mehr nebenher naschen
- Nur noch essen, wenn ich wirklich Hunger habe

Das müssen Sie ändern – leichter gesagt als getan

Vieles von dem, was Sie bisher gelesen haben, hat Sie vielleicht nachdenklich gestimmt. Kann es sein, dass Sie mit Ihrem Essverhalten nicht
einverstanden sind und es ändern möchten? Hut ab, da haben Sie sich
eine Menge vorgenommen! Denn machen Sie sich bitte eines bewusst:

„Ein großer Teil des inneren Fortschritts liegt schon im Willen zum Fortschritt." Seneca

Nichts ändert man so schwer wie lebenslang eingeübtes Essverhalten.
Doch das soll Sie nicht hindern, mit ganzem Herzen an diese Aufgabe
heranzugehen. Bevor Sie jetzt einen Neuanfang starten, prüfen Sie
sich bitte ehrlich: Ist Ihre Motivation groß genug, um wirklich durchzuhalten? Denn nichts frustriert mehr, als auf der halben Strecke auf-
zugeben. Spornen Sie sich deshalb immer wieder aufs Neue an. Wie
stark leiden Sie unter Ihrem Gewicht? Wie konkret können Sie sich so
eine Veränderung vorstellen? Mit einem handfesten Ziel vor Augen
lässt sich vieles wesentlich leichter erreichen.
Zunächst einmal bringen Sie Ihre Wünsche und Ziele zu Papier. Aber
bitte so formuliert, dass sie auch praktisch umgesetzt werden können.
Eine Hilfestellung dazu erhalten Sie auch im Kapitel 4 über Eigenmanagement. Wäre die Realisierung Ihrer Pläne nicht möglich, hätten Sie
sofort eine bequeme Ausrede für das Scheitern Ihres Vorhabens zur
Hand. Aber diese Art zu tricksen ist selbstverständlich nicht Ihr Stil.
Wenn Sie zum Beispiel Ihre Konfektionsgröße des vergangenen Jahres
wieder erlangen möchten, müssen Sie auf dem Weg zu diesem Ziel auch
Ihre individuelle Situation berücksichtigen. Sind Sie beruflich viel unterwegs und essen daher oft im Restaurant, steht Ihnen nur eine be-
grenzte Zahl an Gerichten zur Auswahl. Entsprechend sollten Sie Ihr
angestrebtes Essverhalten anpassen.
Suchen Sie nach Alternativen, die sich im Alltag ohne viel Aufwand
realisieren lassen. Es ist nicht notwendig, Ihre Essgewohnheiten kom-

plett umzustellen. Bereits kleine Veränderungen bringen viel. Zum Beispiel die Banane statt des Käsebrötchens, die Apfelschorle statt der Cola oder der Salatteller, den Sie anstelle einer Suppe als Vorspeise nehmen. Sobald Ihr persönlicher Fahrplan steht, können Sie anfangen, die praktische Umsetzung in Angriff zu nehmen. Auch hier empfehlen wir Ihnen aufzuschreiben, wie Sie die geplanten Veränderungen in Ihrem Essverhalten realisieren wollen.

Denkanstoß:
Berücksichtigen Sie bei der Veränderung des Essverhaltens Ihre individuelle Situation. Wenn Ihr Vorhaben nicht zu verwirklichen ist, verlaufen alle guten Vorsätze im Sande.

Gesund ernährt am Arbeitsplatz: So kommen Sie gut durch den Tag

Alles schön und gut, sagen Sie jetzt womöglich. Ich bin berufstätig und kann mir meine Mahlzeiten nicht so zusammenstellen, wie ich es eigentlich möchte. Außerdem fehlt mir oft die Zeit, um in die Kantine zu gehen.

Denkanstoß:
Ist der Tag auch noch so hektisch – Zeit für gesunde Ernährung muss sein.

Schwierig, aber nicht aussichtslos. Die Deutsche Gesellschaft für Ernährung hat spezielle Tipps zusammengestellt, die Ihnen sicher nutzen werden.

- **Frühstücken Sie in zwei Etappen**
  Morgenmuffel haben frühmorgens meistens keinen Appetit. Nicht weiter schlimm. Verschieben Sie Ihr Frühstück einfach um zwei bis drei Stunden und nehmen dann eine größere Portion zu sich. Etwas später folgt ein Snack mit Obst oder Joghurt. So kommen Sie garantiert auf Touren.
- **Legen Sie öfter eine Zwischenmahlzeit ein**
  Wer über den Tag verteilt immer mal einen kleinen Happen isst, vermeidet Leistungstiefs und behält seine Konzentrationsfähigkeit.

Gut geeignet sind magere Milchprodukte, Obst und dünn belegte Brötchen.

- **Peppen Sie Ihr Brot auf**
  Schon wieder Leberwurst! Das muss nicht sein. Bringen Sie Abwechslung auf Ihre Brote. Salatblätter, Tomaten- und Gurkenscheiben oder zubereitete Rohkost schmecken nicht nur ausgezeichnet, sondern verscheuchen auch das gewohnte Einerlei in der Brot-Box.
- **Machen Sie mal Pause**
  Nehmen Sie sich Zeit zum Essen. Ein Apfel zwischendurch ist schnell verdrückt und hält nicht lange von der Arbeit ab. Ihnen tut die kleine Erholung gut, weil Sie frische Energie aufladen können. Das aktiviert Ihre Leistungsfähigkeit und macht Sie wieder fit.
- **Geben Sie Fast Food ein gesundes Contra**
  In manchen Fällen führt kein Weg an der Imbissbude oder am Burger-Shop vorbei. Das, was Sie dort serviert bekommen, ist zumeist einseitig, zu salzig und zu fett. Deshalb sollten Sie zwischendurch oder am Abend für ein gesundes Gegengewicht sorgen. Mit viel Obst und Gemüse, Vollkorn- und Milchprodukten, die den Mangel an Vitaminen, Mineralien und Ballaststoffen schnell ausgleichen.

3.4. Präzise nach Programm: in drei Stufen zum Erfolg

Jetzt möchten Sie Ihr Essverhalten erkennen und erfolgreich korrigieren? Dann haben wir hier den Leitfaden dazu. Dazu durchlaufen Sie einen dreistufigen Prozess, an dessen Anfang die genaue Analyse Ihrer Gewohnheiten steht. Bitte beantworten Sie dazu den Fragebogen in der folgenden Übung.

Übung
Analysieren Sie Ihre Essgewohnheiten

Beantworten Sie die folgenden Fragen. Dadurch gewinnen Sie weitere Klarheit über Ihr Essverhalten und finden ggf. Ansatzpunkte für Veränderungen.

Welche Lebensmittel nehmen Sie häufig zu sich?

Schätzen Sie einmal, wie viele Kalorien Sie täglich zu sich nehmen!

Zu welchen Zeiten essen Sie?

Wo essen Sie?

Wie viel Zeit nehmen Sie sich zum Essen?

Was verleitet Sie zum Essen?

Was hält Sie vom Essen ab?

Welche Gedanken und Gefühle haben Sie beim Essen?

Diese Übung können Sie als Arbeitsblatt von unserer Website www.buhr-team.com/de/logins herunterladen.

Nachdem Sie Klarheit gewonnen haben, folgt Stufe 2 in unserem Programm: Die Phase der Änderung. Beginnen Sie langsam. Alles sofort erreichen zu wollen, schafft nur Enttäuschung. Ein oder zwei Umstellungen zur gleichen Zeit reichen völlig. Unser Vorschlag: Fangen Sie beim Einkaufen an. Suchen Sie sich das Obst aus, das Sie gerne als Snack zwischendurch essen möchten. Lassen Sie sich an der Käsetheke beraten und probieren Sie, welche fettarme Sorte gut schmeckt.

Denkanstoß:
Hüten Sie sich vor falschem Ehrgeiz. Wer auf Anhieb alle Ziele erreichen will, läuft Gefahr zu scheitern.

Diese Neuerungen trainieren Sie so lange, bis sie zur alltäglichen Selbstverständlichkeit geworden sind. Innerhalb von einer bis vier Wochen dürfte es soweit sein. Dann können Sie eine weitere Änderung in Ihrem Essverhalten in Angriff nehmen.
Nun kommen Sie zum dritten Schritt im Programm. Dabei geht es darum, Ihre Einstellung zum Essen und zu Ihrer Lebensweise positiv zu verändern. Wir verraten Ihnen ein paar psychologische Tricks, die Ihnen diese Aufgabe erleichtern. Glauben Sie fest an Ihren Erfolg und stellen Sie ihn sich möglichst oft bildlich vor. Auf diese Weise kommen Sie schneller ans Ziel.

Schlagen Sie sich die pessimistischen Gedanken aus dem Kopf. Denken Sie: Ich schaffe das! Setzen Sie sich nicht unnötig unter Zwang. Es muss nicht alles perfekt sein, was Sie unternehmen. Freuen Sie sich über das, was Sie bereits erreicht haben, und seien Sie stolz darauf. Und: Belohnen Sie sich, wenn Sie wieder ein Stück vorwärts gekommen sind. Das motiviert zum Weitermachen und hilft Ihnen, Ihre Erfolge langfristig zu stabilisieren. Entspannen Sie sich ein bisschen und denken Sie darüber nach, womit Sie sich gerne belohnen würden.

Denkanstoß:
Think positive! Mit einer optimistischen Einstellung werden Sie alle Schwierigkeiten meistern und erfolgreich sein.

Fassen wir noch einmal zusammen. Wenn Sie die feste Absicht haben, Ihr Essverhalten zu ändern, befolgen Sie bitte diese Spielregeln:

„Im Grunde ist ein Diamant auch nur ein Stück Kohle, das die nötige Ausdauer hatte." Deutsches Sprichwort

Fangen Sie sofort an. Nicht erst morgen.
Übertreiben Sie nicht.
Beginnen Sie mit Veränderungen, die Sie einfach umsetzen können.
Stellen Sie Ihr Einkaufsverhalten schrittweise um.
Beginnen Sie mit den konstanten Mahlzeiten wie Frühstück und Abendessen. So kann die Veränderung täglich greifen.
Freuen Sie sich auf das Essen, das Sie fit macht.
Werfen Sie nicht gleich die Flinte ins Korn, wenn Ihre guten Vorsätze bereits am Vormittag scheitern. Nutzen Sie den Nachmittag!

Ein echter Pfundskerl: Wenn das Gewicht zum Horror wird

Mein Gott, ich werde zu dick! Ob berechtigt oder nicht: Dieser Schreckensruf bedeutet höchste Alarmstufe. Es muss etwas passieren, und zwar schnell.
Kommen wir erst einmal der Ursache für das Dickwerden auf die Spur. Selbst superschlanke Menschen haben Körperfett. Bei Männern liegt der Anteil zwischen 10 und 15 Prozent, bei Frauen um 20 Prozent. Diese Fettpolster haben ihren Sinn, denn sie schützen uns vor äußeren Einwirkungen und verhindern zudem den Verlust von Wärme.
Die eigentliche Aufgabe des Fettgewebes aber besteht darin, die Energie aus der Nahrung als Vorrat zu speichern – und zwar in Form von

Fett. So sind wir in der Lage, im Notfall mehrere Wochen bis Monate ohne Essen auszukommen. Aufs Trinken könnten wir aber nicht verzichten.

Was läuft nun beim Dickerwerden ab? Wenn der Mensch an Gewicht zulegt, vermehrt sich nicht allein das Körperfett, sondern auch die fettfreie Masse im Verhältnis 3:1 bzw. 2:1. Was das heißt, merken Sie beim Abnehmen. Gesetzt den Fall, Sie reduzieren Ihr Gewicht um 6 Kilo. Dann werden neben 2-3 Kilo Fettgewebe in der Regel auch 2-3 Kilo Muskulatur abgebaut. Außerdem verlieren Sie durch den Verlust körpereigener Substanz eine Menge Wasser, was Ihre Pfunde in den ersten Tagen buchstäblich dahinschmelzen lässt. Der Schein trügt – bis es ans hartnäckige Fett geht, brauchen Sie noch ziemlich viel Geduld.

Denkanstoß:
Zuviel Gewicht ist ein Gesundheitsrisiko. Durch Maßhalten beugen Sie Krankheiten vor.

Die einschlägigen Fachbücher sind voll mit Begriffen wie Idealgewicht, Normalgewicht und Wohlfühlgewicht. Sicher möchten Sie erfahren, welches Gewicht Sie auf die Waage bringen sollten. Vorweggeschickt: Die moderne Forschung hat herausgefunden, dass jeder Mensch ein individuelles Gewicht hat, bei dem sein Körper bestens funktioniert. Dieses Gewicht kann durchaus von den normalen Maßstäben abweichen. Mit anderen Worten: Ein optimales Gewicht für alle gibt es nicht. Deshalb sollten Sie für sich herausfinden, wann Sie sich wirklich wohlfühlen und dieses Gewicht dann halten. Damit Sie berechnen können, ob Sie zu viel oder zu wenig wiegen, empfehlen wir Ihnen die Methode nach dem sogenannten Body-Mass-Index, abgekürzt BMI. Die Formel lautet:

$$\text{Körpergewicht in Kilogramm} / (\text{Körpergröße in Meter})^2 = \text{BMI}$$

Die Einteilung des Körpergewichts erfolgt nach folgendem Schema:

BMI < 20:	Untergewicht – bei Frauen unter 18 Jahren normal
BMI 20-25:	Normalgewicht
BMI > 25-29:	Leichtes bis mäßiges Übergewicht
BMI 30-39:	Deutliches Übergewicht
BMI ab 40:	Starkes Übergewicht

Beispiel: Ein Mann von 180 cm Größe wiegt 78 kg.
Also 78 : $1,8^2$ = BMI 24
Das Gewicht liegt im normalen Bereich.

Noch eine Bemerkung zum so genannten Idealgewicht. In der Vergangenheit verstand man darunter ein Gewicht, das 10 Prozent unter dem Normalwert liegt. Heute ist die Wissenschaft weiter. Untersuchungen haben gezeigt, dass dieses Idealgewicht allenfalls für Menschen unter 30 Jahren zutrifft.

Auf Ausgleich bedacht: Die Energiebilanz sollte stimmen

Ob Sie zunehmen oder nicht, hat viel mit Ihrer Energiebilanz zu tun. Wenn Sie täglich das essen, was Ihr Körper verbraucht, ist das Ergebnis im grünen Bereich: Und Sie haben kein Pfund mehr auf den Rippen. Der durchschnittliche Energiebedarf eines Erwachsenen liegt zwischen 2000 und 2500 Kilokalorien pro Tag. Diese Werte können aber nur Richtwerte darstellen, da verschiedene Faktoren wie Alter, Geschlecht und körperliche Bewegung Einfluss auf das individuelle Bedürfnis haben. Darüber hinaus kommt es darauf an, ob Sie ein guter oder schlechter Futterverwerter sind. Es gibt beneidenswerte Menschen, die essen für zwei und bringen trotzdem kein Gramm mehr auf die Waage. Andere dagegen brauchen das Stück Sahnetorte nur anzuschauen, um Speck anzusetzen. Diese individuellen Unterschiede müssten Sie bei Ihrer Kalorienberechnung ebenfalls berücksichtigen.
Sie können Ihren Energiehaushalt übrigens leicht überprüfen. Wenn Sie über einen längeren Zeitraum Ihr Gewicht halten, spricht alles für einen ausgeglichenen Wert. Dann befindet sich das Verhältnis von Nahrungszufuhr und tatsächlichem Bedarf in optimaler Balance.

„Meiner Idee nach ist Energie die erste und einzige Tugend des Menschen." Wilhelm v. Humboldt

Zum Mittagessen eine Möhre: vom Sinn und Unsinn der Diäten

Wer Diät macht, wird von aller Welt bedauert. Jeder von uns kennt das Bild von dem Dickerchen, das traurig die einsame Karotte auf seinem Teller betrachtet. Damit wird anschaulich gezeigt, was Diät in unserem Verständnis heute bedeutet: wenig und möglichst kalorienarm essen. Obwohl viele Diäten sehr einseitig sind und auch geschmacklich keine Gaumenfreuden bieten, werden sie immer wieder gern in Angriff genommen. Zum einen dauern sie nicht lange, weil man nur kurze Zeit durchhält; zum anderen eignen sie sich gut, um auf die Schnelle einige Kilos abzuspecken. Auch die Medien schwimmen erfolgreich auf der Diätwelle mit und propagieren unentwegt neue Patentrezepte zum Dünnerwerden. Über 25.000 Diätvorschläge sind weltweit im Umlauf – hätten Sie das gedacht?

Das Hauptproblem der meisten Diäten ist der gefürchtete Jo-Jo-Effekt. Kaum ist das Hungern beendet, holt sich der Körper die mühsam verlorenen Pfunde wieder zurück und legt sogar noch zu. Die Erklärung liegt auf der Hand: Es bringt überhaupt nichts, das Essverhalten für einige Wochen umzustellen und danach wieder in das gewohnte Verhaltensmuster zurückzufallen. So nehmen Sie garantiert nicht ab! Abgesehen von den gesundheitlichen Nebenwirkungen, die solch eine Crash-Diät für Ihren Köper haben kann.

Deshalb pfeifen Sie auf Diäten! Ersparen Sie sich die Quälerei und den anschließenden Frust. Setzen Sie stattdessen auf eine langfristige Strategie, um Ihr Gewicht nachhaltig zu reduzieren. Denn Sie werden nur dann zu Ihrer Traumfigur kommen, wenn Sie Ihr Essverhalten komplett und dauerhaft verändern. Daher lautet die Maxime: Ernähren Sie sich gesund. Halten Sie sich an die 10 Gebote für mehr Vitalität und Gesundheit. Dann können Ihnen alle Diäten gestohlen bleiben.

3.5. Voll in Aktion – mehr Bewegung braucht der Mensch

Neben der Ernährung spielt auch die Bewegung eine entscheidende Rolle für unseren Körper. Keine Frage: Körperliche Bewegung tut uns allen gut. Doch wir müssen uns schon ziemlich anstrengen, um spürbar Kalorien zu verbrennen. Schwimmen und Radfahren bringen gute Ergebnisse; beim Joggen oder Wandern verbrauchen wir noch mehr Kalorien. So müssten Sie beispielsweise 15 Minuten schwimmen, um lediglich ein kleines Bier abzuarbeiten. Bei einem Marathonlauf dagegen schmelzen bis zu 3.000 Kalorien dahin. Und: Je mehr Sie wiegen und je mehr Muskeln Sie haben, desto größer ist der Kalorienverbrauch. Diesen Wert können Sie sogar noch toppen, indem Sie die körperliche Belastung intensivieren.

Zusatzeffekt: Bewegung reguliert den Appetit. Wer sein Leben als Couch Potatoe oder Schreibtisch-Zubehör verbringt, hat eindeutig mehr Hunger und keine Kraft, ihn zu zügeln. Bewegung reguliert den Zuckerhaushalt. Sie werden weniger schnell hungrig und auch der Appetit auf kalorienreiches Süßes lässt nach.

Nur ungerecht, dass Frauen weniger Muskelmasse besitzen als Männer. Aus diesem Grund verbraucht eine Frau unter gleichen Bedingungen etwa 10 bis 20 Prozent weniger Kalorien als ein Mann.

„Mein Fitness-Rezept: Ich lasse meinen Mann kochen."
Uta Ranke-Heinemann

In der folgenden Tabelle können Sie nachlesen, was ein normalgewichtiger Mann mittleren Alters bei körperlicher Bewegung an Kalorien verbrennt. Die niedrigen Angaben beziehen sich auf Freizeitsportler, die höheren Werte auf Bedingungen im semiprofessionellen Vereinssport.

Tätigkeit	Kalorienverbrauch pro Stunde
Gehen (3 km/Stunde)	200
Gehen (5 km/Stunde)	300
Gehen (6,5 km/Stunde)	400
Gartenarbeit	200-400
Surfen	300-600
Golf	200-400
Radfahren (15 km/h)	400
Tennis	300-600
Skifahren (Abfahrt)	400-600
Joggen (8 km/Stunde)	400
(12 km/Stunde)	800
Fußball	400-700
Handball	400-700
Schwimmen	400-800

Fit sein und Spaß haben – mit Begeisterung bei der Sache

Auch für den Sport gilt: Analysieren Sie Ihre Ziele. Reizt Sie die Herausforderung, wollen Sie sich beweisen und Höchstleistung bringen? Oder schätzen Sie mehr den Entspannungseffekt, das Zu-sich-Kommen. Möchten Sie mit sich allein sein? Lieben Sie das Gemeinschaftserleben und den Wettbewerb mit anderen? Oder eine Kombination aus allem?

„Wer glaubt, keine Zeit für körperliche Fitness zu haben, wird früher oder später Zeit zum Kranksein haben müssen." (Unbekannt)

Immer nur die Hanteln schwingen ist auf die Dauer langweilig. Sie verlieren die Lust daran und werden irgendwann aufhören. Deshalb sollten Sie einen abwechslungsreichen Bewegungsmix wählen, um auch auf längere Sicht Spaß an den sportlichen Aktivitäten zu haben. Denn nur wenn Sie bei der Stange bleiben, erleben Sie das gute Gefühl, wie Ihre Vitalität zunimmt und die körperliche Belastbarkeit steigt. Zwischendurch ein kurzer flotter Spaziergang, ein paar Lockerungsübungen am PC, den Lift sausen lassen und die Treppe nehmen, das Auto stehen lassen und die Post zu Fuß zum Briefkasten bringen – das alles macht keine Mühe, bringt aber viel für Ihre Fitness. Sie werden feststellen, dass körperliche Anstrengung Ihre Stimmung hebt. Denn durch diese Belastung werden vermehrt so genannte Glückshormone freigesetzt, die Sie positiv motivieren. Sie fühlen sich fast so, als wären Sie frisch verliebt. Beschwingt und voller Tatendrang. Wie sieht es bei Ihnen mit der sportlichen Betätigung aus? Wie fühlen Sie sich vor und nach Ihren Aktivitäten? Sollten Sie jetzt ein Defizit feststellen, wird es Zeit zu handeln. Eigentlich müssen Sie sich nur einen kräftigen Schubs geben, um die eigene Bequemlichkeit abzuschütteln. Sind Sie erst einmal aktiv dabei, kommt der Spaß am Sport von ganz allein.

Denkanstoß:
Um sich fit und gesund zu halten, brauchen Sie kein Leistungssportler zu werden. Ein wenig Bewegung Tag für Tag reicht schon aus, damit Ihr Körper wieder auf Touren kommt.

Schlankweg in die Top-Etagen – Machen dünne Manager eine bessere Figur?

Selbstverständlich haben es schlanke, gut aussehende Führungskräfte leichter, auf der Karriereleiter nach oben zu kommen. Aber nicht allein die äußere Optik ist entscheidend. Auch die körperliche Fitness spielt eine wichtige Rolle. So gehört in zahlreichen US-Unternehmen der Gesundheits-Check bereits zum festen Auswahlkriterium für Manager. Gerade in den Staaten macht sich eine zunehmende Faulheit bemerkbar: Die Hälfte aller Amerikaner verbringt ihr Leben ausschließlich im Sitzen; nur etwa 20 Prozent der Bevölkerung treibt regelmäßig Sport. Deutsche Führungskräfte stehen im internationalen Vergleich übrigens sehr gut da. Denn sie sind gesünder als die Durchschnittsbürger, bescheinigt eine Studie des Instituts für Arbeits- und Sozialhygiene in Karlsruhe. Deutsche Manager rauchen weniger, trinken weniger Alkohol und haben bessere Cholesterinwerte. Trotzdem kann noch keine Entwarnung gegeben werden. Denn Fettstoffwechselstörungen, Diabetes mellitus, orthopädische Probleme sowie vegetative Beschwerden gehören bei vielen Top-Leuten zum Alltag. Häufig sind diese Erkrankungen auf steigenden Termindruck, ein erhöhtes Arbeitspensum und fehlende Bewegung zurückzuführen.
In diesem Zusammenhang schlägt die Weltgesundheitsorganisation (WHO) Alarm. Die WHO hat unter allen gesundheitlichen Risikofaktoren den Bewegungsmangel auf den ersten Platz gesetzt. Das sollte allen Managern unter Ihnen - und nicht nur denen- zu denken geben.

3.6. Alles Gute für die Gesundheit: Sich regen bringt Segen

Ob Hausfrau oder Vorstand: Generell gilt, dass Bewegung gegen viele chronische Erkrankungen Schutz bietet. Mit ausgewogener Ernährung kombiniert, senkt sie die Gefahr von Bluthochdruck, Schlaganfall, Knochenschwund oder Depressionen. Auch Schlafstörungen bekommen Sie mit körperlicher Betätigung in den Griff.

„Die schwierig-
ste Turnübung
ist immer noch,
sich selbst auf
den Arm zu
nehmen."
Werner Finck

Alle möglichen Organe und Abläufe profitieren von Ihren körperlichen Aktivitäten. Der Blutdruck normalisiert sich, der Stoffwechsel arbeitet wieder stabil, der Cholesterinspiegel sinkt, das Herz wird gestärkt, die Lungenkapazität bessert sich, das Immunsystem erhält mehr Abwehrkräfte, Knochen und Muskeln werden aufgebaut.

Auch seelisch wird es Ihnen wesentlich besser gehen, wenn Sie sich regelmäßig körperlich betätigen. Denn täglich ein wenig Sport hilft, den Stress abzubauen. Der Stoffwechsel kommt wieder ins Lot, Sie gewinnen das innere Gleichgewicht zurück.

Kraftreserven im Speicher: für Hochleistungen gut gerüstet

Lassen Sie uns an dieser Stelle noch einmal den Bogen zur Ernährung spannen.

Alles, was wir tun, kostet ein bestimmtes Quantum Energie. Diesen Treibstoff erhält unser Körper über die tägliche Nahrung. Dabei ist es nicht nur von Bedeutung, wie viel gegessen wird, sondern auch was. Um die Leistungsfähigkeit auf hohem Stand zu halten, kommt es auf das richtige Verhältnis von Kohlenhydraten, Fetten und Eiweiß in der Ernährung an. Außerdem muss gewährleistet sein, dass wir ausreichend mit Vitaminen und Mineralstoffen versorgt werden. Und: Genügend Flüssigkeit gehört natürlich auch zu einer ausgewogenen, leistungsfördernden Kost.

Der menschliche Körper speichert die Energie, die nicht unmittelbar verbraucht wird, in Form von Kohlenhydraten und Fetten in Depots ab und greift bei Bedarf darauf zurück. Die Kohlenhydrate stehen als Glykogen in Muskeln und Leber zur Verfügung; die wesentlich umfangreicheren Fettvorräte werden als Triglyzeride vorzugsweise in Fettgewebe gelagert.

An einem Beispiel aus dem Sport möchten wir Ihnen zeigen, wie sich Ihr Körper bei außerordentlichen Anstrengungen aus diesen Kraftreserven bedient: Gesetzt den Fall, Sie legen einen 400-Meter-Sprint hin, um den Bus noch zu erwischen: Dann versorgt sich die

Muskulatur aus den Glykogenvorräten mit der nötigen Energie. Wenn Sie dagegen mehr als 30 Minuten ausdauernd schwimmen oder joggen, reichen diese Reserven nicht mehr aus. Ihr Körper kommt nicht umhin, auf die Fettspeicher zurückzugreifen. Sind die einmal durch (z.B.) 60 Minuten langsames Laufen aktiviert, verbrennen die Kohlenhydrate in diesem Feuer der Fette gleich mit.

Denkanstoß:
Kombinieren Sie regelmäßiges Training mit gesunder Ernährung. Sie werden Energie für alle Lebenslagen gewinnen.

Kontinuierliches Training führt darüber hinaus auch dazu, dass die Muskeln mehr Sauerstoff aus dem Blut aufnehmen können. Vorteil: Sie haben genug „Luft" für körperliche Belastungen.

Straff und schön: So bekommen Sie Ihr Fett weg

Regelmäßig Sport zu treiben lohnt sich auch in anderer Hinsicht: Ein trainierter Körper mit vielen Muskeln kann besser Fett verbrennen als ein untrainierter. Das bedeutet: Wenn Sie sportlich aktiv sind, fällt es Ihnen nicht allzu schwer, Ihr Gewicht zu halten oder bei Bedarf gezielt abzunehmen.

Um ehrlich zu sein: Mit einigen Bauchmuskelübungen bekommt man den Speckgürtel um die Körpermitte nicht weg. Trotzdem machen diese und andere Übungen durchaus Sinn. Denn durch körperliche Aktivität wird Muskelmasse auf- und Körperfett abgebaut. Wenn Sie gleichzeitig Ihre Kalorienzufuhr drosseln, verlieren Sie an Gewicht. Dies wird sich nicht unbedingt am Zeiger der Waage ablesen lassen, da Muskelmasse schwerer ist als Fett. Aber optisch wirken Sie deutlich schlanker. Ihre Körperproportionen haben sich vorteilhaft verändert, die Figur ist straff geworden und auch die Muskeln kommen mit dünner werdender Fettschicht wesentlich besser zur Geltung. Also ab zum Training und ran an den Speck!

Für hartnäckige Sportmuffel: Der Zugang zur sportlichen Betätigung wird Ihnen leichter fallen, wenn Sie das für Sie Richtige auswählen. Und noch eine Idee: Kombinieren Sie den Sport mit Ihren sonstigen Interessen. Fahren Sie mit dem Rad und besuchen Sie am Ziel eine Ausstellung. Oder: Klettern Sie hoch hinauf und malen von dort die Aussicht. Joggen Sie mit Ihrer Lieblingsmusik im Ohr.

„Faulheit ist Dummheit des Körpers."
Johann Gottfried Seume

Ein Prosit auf Ihre Gesundheit – gerade durch Sport wird Ihr Körper durstig

Achten Sie bitte darauf, dass Sie als sportlich aktiver Mensch viel trinken – und zwar erheblich mehr als gewöhnlich. Denn Ihr Flüssigkeitsbedarf liegt jetzt um ein Vielfaches höher. Hätten Sie gedacht, dass der Mensch während einer Stunde Inline-Skatens bis zu zwei Liter Flüssigkeit verliert? Bei anderen Sportarten ist es ähnlich. Aus diesem Grund sollten Sie bereits vor dem Sport ausreichend trinken und zwischendurch nachlegen, wenn Sie über eine Stunde aktiv sind. Denn es reicht nicht aus, Ihren Flüssigkeitsverlust erst am Abend auszugleichen. Machen Sie sich bitte folgendes bewusst: Wenn Sie nur zwei Prozent Ihres Körpergewichts an Flüssigkeit verlieren – das sind bei einer 70 kg schweren Person immerhin 1,5 Liter – lässt Ihre Konzentrationsfähigkeit und Ausdauer merklich nach. Steigt der Verlust über vier Prozent, nimmt Ihre Kraft rapide ab. Kommt es gar zu einer vollständigen Entwässerung, kann dies zu Schwindelanfällen, Erbrechen, Muskelkrämpfen und Kreislaufversagen führen.

Deshalb erinnern Sie sich: Trinken, trinken, trinken. Und was? Bewährt haben sich Mineralwasser, denen Sie Zitronensaft und eine Magnesium-Brausetablette zugeben. Auch Frucht- und Gemüse-Schorlen sind gute Durstlöscher.

Am Schluss dieses Kapitels laden wir Sie zu einem persönlichen Vitalitäts-Check ein. Der Test wurde von dem Ernährungsexperten und Sportmediziner Dr. J. L. Groppel, Florida/USA, im Rahmen eines Corporate Athlete®Training entwickelt und an deutsche Verhältnisse angepasst. Wechseln Sie bitte jetzt zur Übung 9.

„Zu viel kann man wohl trinken. Doch nie trinkt man genug."
Gotthold Ephraim Lessing

Übung
Machen Sie den Vitalitäts-Check

Überprüfen Sie einmal am Tag, am besten abends, was Sie alles für Ihren Körper getan haben. Dieser in Anlehnung an Dr. Jack L. Groppel aus Orlando/Florida erstellte Check hilft Ihnen, sich aktiver mit Ihrer Gesundheit auseinanderzusetzen und Ihr Ernährungs- und Bewegungsbewusstsein zu schärfen.

Fragen zum Vitalitäts-Check	Ja	Nein
Ich habe gesund gefrühstückt		

Ich habe ganz gezielt gegessen, um meine körperliche und geistige Leistungsfähigkeit dauerhaft auf ein hohes Niveau zu bringen

Ich habe meine Mahlzeiten auf 5 Portionen verteilt

Ich habe ein fettarmes Milchprodukt (Joghurt, Quark, Käse) gegessen

Ich habe mindestens 2 Stück Obst gegessen

Das Fett, das ich gegessen habe, bestand größtenteils aus ungesättigten Fettsäuren – z.B. Olivenöl.

Ich habe heute morgen heiß-kalt wechselgeduscht

Ich habe kein Ei gegessen (gekochtes Ei, Rührei, Spiegelei)

Ich habe heute mindestens 2 Liter Wasser, Kräutertee oder Saftschorle getrunken

Ich habe so wenig Zucker wie möglich gegessen – also kaum Bonbons, Schokolade und Kuchen

Ich habe die Beilagen zum Hauptgericht gemacht

Ich habe auf ein Dessert verzichtet

Ich habe nichts Gebratenes gegessen

Ich habe heute nicht mehr als 120 Gramm Rind- oder Schweinefleisch gegessen

Ich habe sehr wenig – also gerade mal einen Teelöffel – Mayonnaise oder Salatdressing gegessen

Ich habe ein Vollkornprodukt (Brot, Müsli) gegessen

Ich habe Wurst mit weniger Fett gegessen (fettarme Wurst, Schinken ohne Fettrand, dünn geschnittene Scheiben)

Ich habe meinen Koffeinkonsum reduziert
(2 Tassen Kaffee bzw. 3 Tassen Tee)

Ich habe nur eine Cola bzw. Limo (0,33 Liter)
getrunken

Ich habe nur wenig oder gar kein Salz ins Essen getan

Ich habe wenig Alkohol getrunken (ein Glas)

Ich habe heute nicht den Aufzug, dafür die Treppe
benutzt

Ich habe mindestens 2 Portionen Gemüse gegessen

Ich habe ein Etikett mit Nährwertangaben gelesen

Ich bin mindestens eine halbe Stunde lang
spazieren gegangen (zu Fuß zum Bäcker,
eine U-Bahnstation eher ausgestiegen)

Ich habe reichlich Ballaststoffe (Kartoffeln,
Gemüse, Getreide, Körner) gegessen

Ich habe heute nur fettarmes Fleisch gegessen
(z.B. Pute, Hühnchen ohne Haut)

Ich habe heute wenig Butter oder Margarine gegessen

Ich habe heute nie Durst aufkommen lassen

Ich habe heute Gymnastik gemacht

Ich habe heute mit Genuss gegessen

Ich habe mich heute mindestens 30 Minuten ausdauernd bewegt (Jogging, Schwimmen, Aerobic etc.)

Ich habe heute mit Verstand gegessen

Ich habe mir Zeit zum Essen genommen und jeden
Bissen in Ruhe gekaut

Meine Essgewohnheiten hatten keine
Auswirkungen auf meinen Schlaf

Ich habe zwischendurch rohes Gemüse geknabbert

Auswertung: Geben Sie sich für jedes „Ja" einen Punkt.
Ihr tägliches Ziel: 28 Punkte.
Tipp: Kopieren Sie sich diese Seiten, damit Sie einen längeren
Zeitraum täglich beobachten können.

Diese Übung können Sie als Arbeitsblatt von unserer Website
www.buhr-team.com/de/logins herunterladen.

Wenn Sie alle Ratschläge zu Fitness und gesunder Ernährung befolgen,
wird Ihr Körper bereitwillig alles tun, um Ihr gesamtes Lebensrad rund
laufen zu lassen.

Fazit:
• Essen Sie mit Sinn und Verstand.
• Geben Sie Obst, Gemüse und Vollkornprodukten den Vorzug.
• Trinken Sie viel, aber richtig.
• Werden Sie sportlich aktiv.
• Verzichten Sie auf schnelle Diäten.
• Wenn Sie etwas verändern möchten, dann verändern Sie Ihre Essge-
wohnheiten auf Dauer mit Erfolg.

Reflexion
Jetzt sind Sie dran: Denken Sie weiter

Haben Sie Appetit bekommen? Auf einen Körper, der Sie vital durchs
Leben trägt, der Sie nicht im Stich lässt? Der anderen Menschen
einen guten ersten Eindruck von Ihnen vermittelt?
Wie haben Sie Ihren Körper bisher gesehen? Rein funktional oder
eigenständig wertvoll?
Was möchten Sie Ihrem „ständigen Begleiter" nun Gutes tun? Geben
Sie Ihrem Gehirn eine stabile Basis, seien Sie fit und konzentriert.
Essen Sie ab sofort nur das Beste – kalorienarm, ballaststoffreich,
ohne Giftstoffe und appetitlich mit nur wenig „Geschmacksverstär-
kern" wie Fett und Salz. Entlasten Sie sich von zu vielen Pfunden.
Haben Sie Lust auf Sport, weil Sie wissen, dass Bewegung alles so-
viel einfacher macht? Dann laufen Sie los – go!

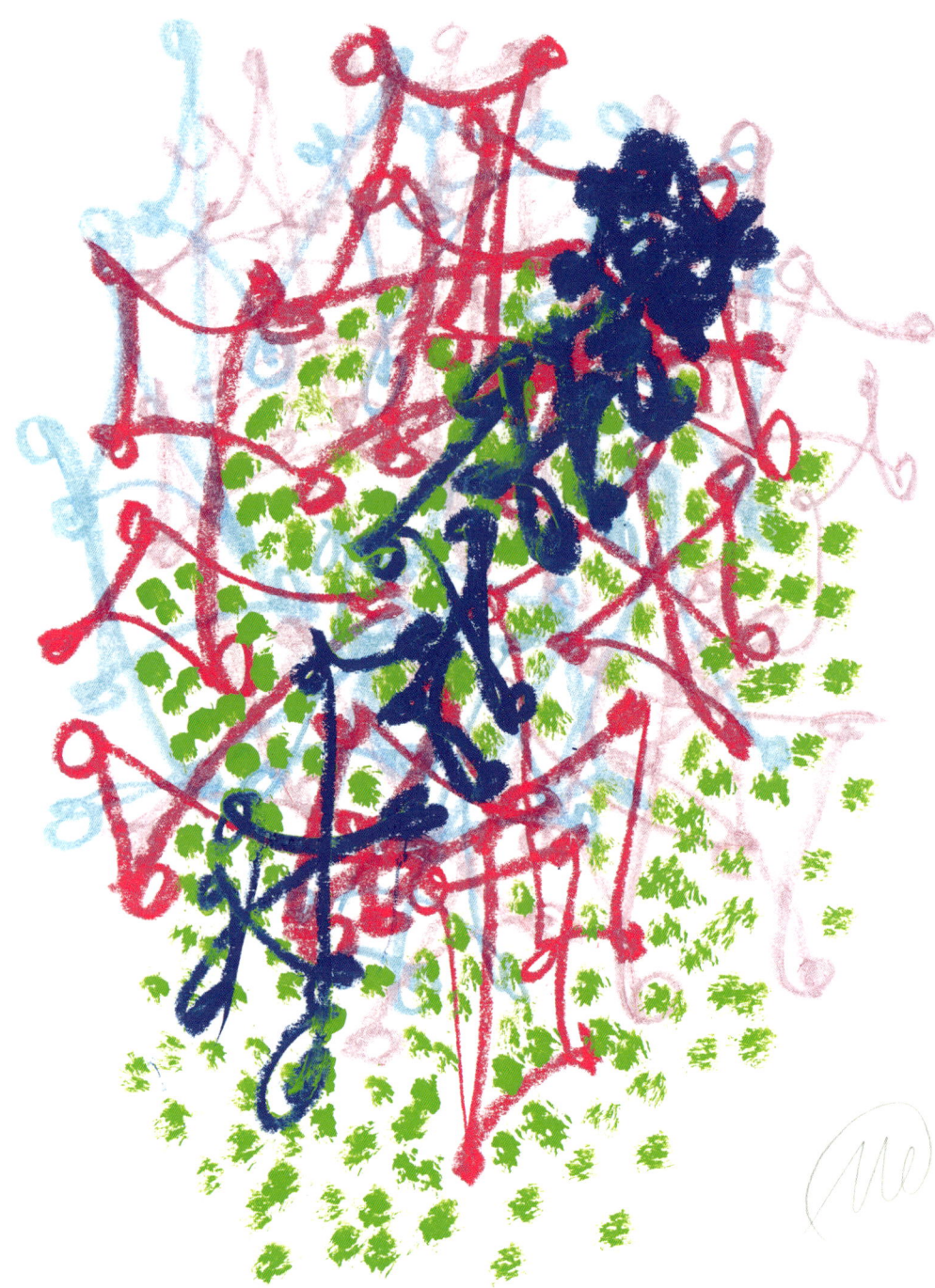

4. Das organisierte Ich: Stressfrei den Alltag bewältigen

In diesem Kapitel lernen Sie die acht Erfolgsgesetze des Eigenmanagements kennen und bereiten sich ausführlich auf deren Anwendung vor. Sie lernen Ihre Zielsetzung so zu gestalten, dass Sie mit Elan in deren Umsetzung starten. Ihr Zeitmanagement bekommt Hand und Fuß: Sie werden zum Prioritätenmanager. Sie lernen Ihre Leistungskurve kennen und werden zukünftig nicht mehr gegen sie, sondern mit ihr arbeiten. Sie werden sich durch ein Erfolgs-Tagebuch selbst motivieren und erfahren, wie Sie ihre Kreativität zum Erfolg führen.

Viel haben Sie bisher schon für sich getan: Sie haben Ihre Vision beschrieben und sich Ihrer Mission genähert. Sie haben sich mit Ihrem Körper beschäftigt und erfahren, wie Sie vital und leistungsfähig bleiben. Nun geht es an die dritte Speiche Ihres Lebensrades: an die reale Umsetzung Ihrer Zukunftsvorstellungen. Denn ohne gezielte Planung bliebe alles auf der Ebene guter Vorsätze.

Dreh- und Angelpunkt dabei sind Sie selbst. Und Ihre Fähigkeit, Ihre Visionen konkret werden zu lassen. Sich Ziele zu setzen und den Weg dahin zu beschreiten. Schließlich wollen Sie nicht nur Visionär, sondern vor allem erfolgreicher Gestalter sein.

Genau das wird aber zur immer größeren Herausforderung. Die Anforderungen werden komplexer. Sie müssen schneller immer mehr Informationen verarbeiten. Und entscheiden, wie Sie handeln wollen. Ohne sich Ihre Aktionen von den Ereignissen diktieren zu lassen. Mit einem Wort: Sie müssen multitaskingfähig sein.

Genau deshalb möchten wir uns in diesem Kapitel mit der Alltagsbewältigung befassen. Denn gerade die zahlreichen stressbringenden Kleinigkeiten im Tagesablauf sind es, die uns auf Dauer zermürben. Ziel muss daher sein, sich selbst zu organisieren, um die Oberhand über den Lauf der Dinge zu behalten.

Wie Sie das bewerkstelligen können, zeigen Ihnen die sieben Erfolgsgesetze des Eigenmanagements.

> „Wer seinen Tag nicht zwei Drittel für sich hat, ist ein Sklave."
> Friedrich Nietzsche

4.1. Gesetz 1: Setzen Sie auf sich selbst

Wenn Sie erfolgreich Ihren Alltag meistern wollen, müssen Sie zunächst sich selbst in den Griff bekommen. Damit Sie Ihren Weg finden, stellen wir Ihnen ein paar Wegweiser auf. Orientieren Sie sich an den acht Erfolgsgesetzen des Eigenmanagements:
1. Übernehmen Sie die Verantwortung für Ihre Entscheidungen.
2. Formulieren Sie Ihre Ziele konkret und praxisnah.
3. Setzen Sie Prioritäten.
4. Nach der ersten großen Anstrengung planen und unternehmen Sie gleich die nächste.
5. Rechnen Sie mit der Macht des Alltags.
6. Steuern Sie sich selbst – unbedingt.
7. Glauben Sie ganz fest an sich.
8. Entwickeln Sie konkrete Vorstellungen, wie Sie Ihre Ziele umsetzen werden.

Die konkrete Anwendung dieser acht Erfolgsgesetze vermitteln Ihnen die folgenden Abschnitte.
Der erste und wichtigste Schritt ist, mehr Selbst-bewusst-Sein zu entwickeln und die Verantwortung für Ihre persönlichen Entscheidungen zu übernehmen.

4.2. Gesetz 2: Mut zur Entscheidung und zur Konsequenz

„Mensch sein heißt verantwortlich sein."
Antoine de Saint-Exupéry

Als Mensch, der sein Leben verantwortlich führt, treffen Sie Ihre eigenen Entscheidungen. Zum Beispiel einen Arbeitsvertrag unterschreiben, Gehaltsverhandlungen führen, den Kaufvertrag für Ihr Haus besiegeln oder Ihren Lebensgefährten heiraten. Täglich stehen Sie wiederholt vor immer neuen Situationen, in denen Sie sich entscheiden müssen. Und sei es nur eine Lappalie wie der Entschluss, mittags einen Salatteller zu bestellen und auf das Schnitzel zu verzichten. Sie allein bestimmen, was Sie tun oder lassen wollen und tragen damit auch die Verantwortung für die Konsequenzen. Sie arbeiten mit einem Chef, der Sie mit seinen Eigenarten auf die Palme bringt. Sie verdienen nicht genügend Geld, um sich Ihre Träume zu erfüllen. Sie haben zehn Kilo Übergewicht, so dass Sie auf Ihr Lieblings-Outfit verzichten müssen. Es liegt ganz allein an Ihnen, daran etwas zu ändern.
„Aber –", wenden Sie jetzt möglicherweise ein, „ich bin doch nicht frei in meinen Entscheidungen. Ich muss doch Rücksicht auf meine Familie nehmen, für die ich die Verantwortung habe. Und außerdem gibt es

noch Sachzwänge, denen man sich beugen muss."
Gehen wir Ihre Argumentation einmal Schritt für Schritt durch. Das
Verstecken hinter den sogenannten Sachzwängen ist mittlerweile eine
sehr beliebte Ausrede geworden. Sind Sie tatsächlich schon einmal
einer Sache begegnet, die einen Menschen zu etwas gezwungen hat?
Hat Sie ein Stift jemals zum Schreiben genötigt? Eine Zigarette zum
Rauchen? Ein Auto zum Fahren? Sogar ein Arbeitsplatz zwingt nieman-
den wirklich zum Arbeiten – wäre das so, hätten die Unternehmen eine
Menge Sorgen weniger.
Trotzdem: Auch wenn wir dies intellektuell nachvollziehen können,
bleibt vielfach das Gefühl, nicht frei in den Entscheidungen zu sein.
Die Erklärung ist schnell gefunden. Wir sind häufig einfach nicht be-
reit, die Konsequenzen unserer Entscheidungen zu tragen. Obwohl wir
unzufrieden sind, zögern wir, den Arbeitsplatz, den Wohnort oder den
Lebenspartner zu wechseln. Stattdessen flüchten wir uns ins Lamen-
tieren.
Selbstverständlich sollen Sie mit Ihrem Entschluss nicht das Lebens-
glück Ihrer Familie oder Ihre finanzielle Existenz aufs Spiel setzen.
Denn wie immer Sie sich auch entscheiden – Sie werden Ihre guten
Gründe dafür haben. Aber bekennen Sie sich auch dazu, dass Sie – und
sonst niemand – für Ihre Entscheidung verantwortlich sind. Diese positive Einstellung wird Ihr Selbstbewusstsein ungemein stärken. Denn
nun, da Sie die Verantwortung für die eigene Situation übernehmen,
stehen Ihnen wesentlich mehr Möglichkeiten zur Verfügung, um mit
Selbstvertrauen und Zuversicht Ihr Leben zu gestalten. So, wie Sie es
sich wünschen.
Die erste Übung zu diesem Thema gibt Ihnen Gelegenheit, Ihr individuelles Entscheidungsverhalten genauer unter die Lupe zu nehmen.

> „Wie wenig ist am Ende der Lebensbahn daran gelegen, was wir er-lebten, und wie unendlich viel, was wir daraus machten."
> Wilhelm von Humboldt

4.3. Gesetz 3: Kursbestimmung als Orientierungshilfe

Sie haben sich entschlossen, Verantwortung für Ihre persönlichen
Entscheidungen zu übernehmen, und können mit dem Aufbau eines
effizienten Eigenmanagements fortfahren. A und O für eine wirkungs-
volle Organisation des eigenen Lebens ist die genaue Definition Ihrer
Ziele. Bevor Sie losmarschieren, müssen Sie wissen, wohin Sie überhaupt wollen. Auf dem Weg dient eine exakte Zielsetzung als Motivation und Orientierungshilfe. Schließlich können Sie anhand der Zielvorgabe feststellen, ob Ihre Anstrengung erfolgreich war oder nicht.
Schreiben Sie bitte jetzt eines Ihrer Ziele im Rahmen der nächsten
Übung auf.

Übung
Zielformulierung: der Einstieg

Schreiben Sie an dieser Stelle ein beliebiges Ziel auf, das Sie haben.
Überprüfen Sie, wie motivierend es auf Sie wirkt. Zieht es Sie bereits
unwiderstehlich auf sich zu?
Sie können diese Übung später nutzen, um an der Zielformulierung
weiter zu arbeiten.

Mein Ziel:

Diese Übung können Sie als Arbeitsblatt von unserer Website
www.buhr-team.com/de/logins herunterladen.

Ihr Ziel ist nun definiert. Jetzt stellt sich die Frage, ob dieses Ziel alle
Bedingungen für eine erfolgreiche Umsetzung erfüllt – ob es moti-
viert, Orientierungshilfe gibt und beim Erreichen ein Erfolgserlebnis
verspricht. Um dies zu prüfen, haben wir Ihnen eine Brücke gebaut:
Ziele müssen SMART sein. Dabei steht jeder Buchstabe des Wortes
SMART für eine Eigenschaft, die Ziele besitzen müssen.

S = Sinnesspezifisch: Mit allen Sinnen das Erreichte wahrnehmen

Ihr Ziel sollte so beschrieben sein, dass Sie es mit Ihren Sinnen erken-
nen, sobald Sie angelangt sind. Mit anderen Worten: Augen, Ohren,
Zunge, Nase, Haut und Bauch können wahrnehmen, dass Sie am Ziel
sind.
Ein Beispiel wird Ihnen verdeutlichen, was gemeint ist. Nehmen wir
an, Ihr Ziel ist es, reich zu sein. Auf die Sinne bezogen bedeutet das:
Welche Zahl in welcher Währung sehen Sie auf Ihrem Kontoauszug?
Wie hört sich das Knistern eines 500-Euro-Scheins an? Wie fühlt sich
die Kleidung an, die Sie sich jetzt leisten können? Wie schmeckt das
Essen im Drei-Sterne-Restaurant? Welchen Duft hat das exklusive
Parfum einer französischen Nobelmarke, das Ihre Frau inzwischen benutzt? Oder das teure Rasierwasser Ihres Mannes? Was empfinden Sie
in Ihrem großen neuen Büro ganz oben auf der Chef-Etage?

Denkanstoß:
Machen Sie sich Ihre Ziele schmackhaft – denn Erfolg ist greifbar,
und so packen Sie Ihren Erfolg im Wortsinn an!

Dies alles sind Fragen, die Ihnen bei der sinnspezifischen Zielformulierung helfen. Wichtig ist in diesem Zusammenhang auch, sich bewusst
zu werden, ob der eine oder andere Sinneseindruck für Sie eine besondere Bedeutung hat. Konzentrieren Sie sich auf solche Wahrnehmungen, weil diese sicherlich die stärkste Motivation in Ihnen auslösen
werden. Allerdings ohne die anderen ganz zu vernachlässigen.

M = Messbar: Von Zahlen und anderen Größen

Bleiben wir noch ein wenig bei dem Beispiel „Reichsein". Was meinen
Sie: Wie viel Vermögen brauchen Sie, um sich selbst reich zu fühlen?
Schwer zu beantworten. Schaut man sich unter den reichen Leuten auf
der Welt um, stellt man fest, dass viele von ihnen noch nicht genug haben und immer weiter scheffeln. Glücklicher werden sie dabei vermutlich nicht. Denn sie sind in ihren Zielen maß-los geworden. Sie können
es nicht messen, weil sie ihrem Ziel keinen messbaren Wert zugewiesen
haben. Damit verschenken sie aber einen der erhebendsten Momente
im Leben eines Menschen: Ein selbst gestecktes Ziel erreicht zu haben.
Aus diesem Grund müssen Sie Ihre Ziele messbar formulieren. Nur so
sind Sie in der Lage, das Erfolgserlebnis bei Zielerreichung auszu-
kosten und sich danach neuen Aufgaben zuzuwenden. Anderenfalls
besteht die Gefahr, dass Sie von einem einzigen Ziel aufgefressen
werden – weil es Ihr gesamtes Leben dominiert, ohne dass Sie es je
erreichen könnten.
Was aber ist messbar? Sicherlich alles, was sich in Zahlen fassen lässt.
Ihr Kontostand in Euro, Ihre Umsatzrendite in Prozent, die Ausschüt-
tung ausländischer Dividenden in Franken oder Dollar. Doch uns stehen noch weitere Messinstrumente zur Verfügung. Beispielsweise können Sie auch an Ihren Gefühlen, die Sie in einer bestimmten Situation
empfinden, abmessen, wie nah Sie Ihrem Ziel bereits gekommen sind.
Wenn Sie sich frei und unabhängig fühlen, sind Sie reich. Wenn Sie keine Sorgen mehr plagen, sind Sie glücklich. Wenn Sie Sport als Vergnügen und nicht nur als Qual empfinden, sind Sie fit. Auf diese Weise
dienen Ihre Empfindungen als Indikator für einen erreichten Zustand
und geben Ihnen Gewissheit, am Ziel zu sein.

> **Denkanstoß:**
> Halten Sie Maß in allen Lebensbereichen. Auch, was Ihre persönlichen Ziele angeht. Stecken Sie sie sehr hoch, aber nicht unerreichbar hoch!

A = Anspruchsvoll und attraktiv: Legen Sie die Latte auf die richtige Höhe

„Wer Freiheiten aufgibt, um Sicherheit zu gewinnen, verdient weder Freiheit noch Sicherheit."
Benjamin Franklin

Ziele, die Sie mit links erreichen, können Sie sich schenken. Denn nur Routine zu bewältigen, macht zum einen keinen Spaß und bringt Sie zum anderen auch nicht weiter. Zudem kommt Langeweile auf, was wiederum dazu führt, das sich Fehler in die Umsetzung einschleichen. Einfach deshalb, weil Sie aufgrund der vermeintlich leichten Aufgabe unaufmerksam und nachlässig werden. Auf der anderen Seite sind Ziele, die sich unmöglich oder kaum realisieren lassen, in ihren Auswirkungen ebenso fatal. Denn sie demotivieren und bringen Frust. Wozu sich anstrengen, wenn das Ziel ohnehin nicht zu schaffen ist?

Es kommt also darauf an, auf dem schmalen Grat zwischen Unter- und Überforderung zu balancieren. Es ist gar nicht so schwer, für sich selbst den Königsweg zu entdecken. Sammeln Sie Erfahrungen. Legen Sie die Latte auf und probieren Sie aus, ob Sie reißen oder locker darüber springen. Je nachdem passen Sie die Lattenhöhe Ihren Fähigkeiten entsprechend an, bis Sie das ideale Maß der persönlichen Herausforderung gefunden haben.

Ist dies geschafft, sollten Sie sich klarmachen, warum Sie gerade dieses Ziel erreichen möchten. Dieses Wissen erleichtert es Ihnen, Ressourcen zu wecken, wenn der Weg steiniger wird. Fragen Sie sich auch, was sich durch das Erreichen des Zieles für Sie bessert. Nehmen Sie die Anstrengungen wirklich für sich selbst in Kauf oder wollen Sie anderen damit gefallen? Möchten Sie Karriere machen, um Ihre Möglichkeiten weiter zu entwickeln oder weil Ihr Partner es von Ihnen verlangt?

All diese Gründe sind durchaus legitim. Aber kommen Sie mit sich ins Reine und sorgen Sie dadurch vor für den Fall, dass auf dem Weg zum Ziel Hindernisse auftauchen. In diesem Fall müssen Sie nämlich wissen, woher Sie die Kraft nehmen können, um diese Probleme beiseite zu räumen.

R = Realisierbar: Verlassen Sie sich nicht auf andere

Setzen Sie sich nur solche Ziele, die Sie aus eigener Kraft erreichen können. Machen Sie sich nicht von anderen Menschen oder Einflüssen abhängig. Geben Sie auf keinen Fall das Heft des Handelns aus der Hand. Denn dann besteht die Gefahr des Scheiterns und der Frustration, da Sie keine Macht über die Entwicklung des Prozesses haben. Dies ist auch einer der Gründe, weshalb gerade in den sozialen Berufen so häufig das Burnout-Syndrom auftritt. Zu oft bleibt das Ziel auf der Strecke, weil sich Menschen nicht einfach so ändern lassen oder weil schlicht die Mittel für eine erfolgreiche Umsetzung fehlen. Ein Drogenberater kann noch so gute Arbeit leisten: Wenn der Junkie nicht clean werden will, wird er es nicht.

Deshalb unser praktischer Tipp: Wenn Sie sich etwas vorgenommen haben, was auch von anderen Menschen abhängt, machen Sie sich Ihren persönlichen Part an dem Ziel bewusst und verändern Sie die Zielsetzung so lange, bis Sie den größten und entscheidenden Anteil an der Realisierung haben. Diese Methode hilft Ihnen auch, Ihre Möglichkeiten praxisnah zu bewerten und sich vor Fehleinschätzungen zu schützen.

T = Timing: Den Erfolg gibt's stückchenweise

Kein Ziel ohne Zeithorizont! Diese Regel sollten Sie unbedingt beherzigen. Denn wenn die Zeitmarke fehlt, sind Sie außerstande zu beurteilen, ob Sie ein Ziel umgesetzt haben oder nicht. Sie könnten endlos weitermachen und wüssten nichts über Ihren aktuellen Status.

Bei Aufgaben, die weit in die Zukunft reichen, wäre es wenig sinnvoll, bis zum Ablauf der Frist mit der Soll-Ist-Analyse zu warten. Drei Jahre zum Beispiel sind einfach zu lang. Aus diesem Grund empfiehlt es sich, kleinere Zeiteinheiten für die Überprüfung des bisher Erreichten zu wählen. Legen Sie dazu den Starttermin für den ersten Schritt fest. Denken Sie daran, dass die Wahrscheinlichkeit, aktiv zu werden, rapide nachlässt, wenn Sie diesen ersten Schritt nicht innerhalb der nächsten 72 Stunden ausführen. Setzen Sie dann Meilensteine für spätere Checks. Etwa: Wenn ich eine Million Euro in diesem Jahr umsetzen möchte, müssen im ersten Quartal des Jahres 250.000 Euro erzielt werden. Diese Vorgehensweise hat einen entscheidenden Vorteil: Sie können frühzeitig entscheiden, ob und welche Korrekturen unterwegs zum Ziel notwendig sind. Darüber hinaus erhöht sich für Sie die Frequenz der Erfolgserlebnisse. Nicht erst nach einigen Jahren, sondern bereits

„Er verlor am Morgen eine Stunde und vergeudete den Rest des Tages damit, sie zu suchen."
Lord Chesterfield

94 go! Die Kunst das Leben zu meistern

nach kurzer Zeit haben Sie das gute Gefühl, sich auf dem richtigen Weg zu befinden. Und dieses positive Empfinden wiederholt sich immer wieder, bis Sie endlich Ihre Absicht voll und ganz verwirklicht haben. Das bringt einen kräftigen Schub für Ihre Motivation.

Zielkonflikte konstruktiv lösen – Think positive!

Gute Arbeit: Ihr Ziel erfüllt nun alle Bedingungen von SMART. Bevor Sie sich an die schriftliche Formulierung Ihres Vorhabens begeben, werfen Sie einen Blick auf Ihre übrigen Zielsetzungen. Verträgt sich das neue Ziel mit Ihren anderen Zielen? Oder kommt es beispielsweise zwischen beruflichen und privaten Planungen zum Konflikt, wenn Sie an Ihr Wertesystem aus dem Kapitel „Auf dem Weg zum Glück" denken? Passen Sie Ihre Zielvorstellung entsprechend an oder bilden Sie eine Hierarchie Ihrer Ziele. Schaffen Sie Zeitfenster für jedes große Ziel. Es gibt viele Wege, mit Zielkonflikten konstruktiv umzugehen.

„Die wahren Optimisten sind nicht überzeugt, dass alles gut gehen wird. Aber sie sind überzeugt, dass nicht alles schief gehen wird."
Deutsche Spruchweisheit

Fragen Sie sich bitte auch, wie Ihr Umfeld auf Ihre Absicht reagieren wird und wie Sie selbst damit umgehen werden. Denn es kann durchaus sein, dass Sie Ihr Ziel lieber für sich behalten wollen, statt es öffentlich bekannt zu machen. Alle Erkenntnisse, die sich aus diesen Überlegungen ergeben, lassen Sie in Ihre Zielvorstellungen einfließen.

Nach dieser gründlichen Vorbereitung können Sie jetzt nach der passenden Formulierung Ihres Ziels suchen. Beachten Sie dabei unbedingt: Negationen wie das Wörtchen „nicht" haben in einer guten Zielformulierung nichts zu suchen! Es geht nicht darum, von etwas weg zu kommen. Sondern darum, zu etwas hin zu gelangen, was Sie erreichen möchten. Also: Formulieren Sie Ihr Ziel positiv.

Es ist geradezu eine Zwangsläufigkeit, dass Negativ-Ziele oft den gegenteiligen Effekt zum Gewünschten, nämlich ein negatives Ergebnis, bewirken. Stellen Sie sich einmal einen Rodelberg vor, an dessen Fuß eine einzelne Eiche steht. Natürlich nehmen sich die meisten Rodler vor, nicht gegen diesen Baum zu fahren. Was aber geschieht? Prompt prallt die Mehrzahl der Schlitten geradewegs gegen dieses Hindernis. Hätten sich die Betroffenen stattdessen eine Strecke ausgesucht, die am Baum vorbeiführt, wären viele von ihnen sicher heil unten angekommen. Das hängt damit zusammen, dass unser Gehirn nicht in der Lage ist, die Aufforderung „nicht" zu befolgen. Wenn wir Sie jetzt bitten, NICHT an einen blauen Elefanten zu denken, können Sie sich gegen das Bild dieses blauen Elefanten kaum noch wehren. Je mehr wir etwas ablehnen, desto stärker konzentrieren wir uns darauf und desto stärker machen wir es. Sie kennen sicherlich genügend Beispiele aus Ihrem eigenen Leben. Quintessenz für Sie: Statt „Ich will nicht" sagen Sie „Ich will dieses oder jenes erreichen". Statt „Ich will nicht mehr rauchen" sagen Sie „Ich will frei atmen und entspannt die Treppen steigen".

Denkanstoß:
Verlierer vergleichen ihre Leistung mit anderen. Sieger vergleichen ihre Leistung mit ihren vorher gesteckten Zielen.

Der zweite Grund ist, dass Ihr Ziel schließlich vor Ihnen liegt. Aus dem „Ich will nicht" beziehen Sie Ihre Energie, überhaupt zu starten. Aber die Richtung gibt dann das Ziel vor. Sonst irren Sie eine Weile planlos umher und wundern sich, dass Sie wieder an Ihrem Ausgangspunkt – der nächsten Zigarette – ankommen.

Auch Vergleiche haben nichts in Ihrer Formulierung verloren. Wenn Sie von einer Sache mehr oder weniger erreichen wollen, bleibt die Zielsetzung schwammig und ungenau. Deshalb geben Sie absolute Werte an. Und: Benutzen Sie die Gegenwartsform. Tun Sie so, als wären Sie bereits am Ziel angelangt. Das könnte etwa folgendermaßen aussehen: „Es ist der 31.12.2008. Ich lade die aktuellen Daten meines Aktiendepots auf den Computer herunter und schaue mir den Depotwert an. Er liegt bei 500.000 Euro. Ich spüre in mir ein Gefühl von Sicherheit und Freiheit. Denn es ist gut, 500.000 Euro zu besitzen."

Zum Abschluss haben wir noch eine Übung für Sie. Dabei geht es darum, Ihr Ziel nach den beschriebenen SMART-Regeln (Sinnesspezifisch, Messbar, Anspruchsvoll und attraktiv, Realisierbar, Timing) zu Papier zu bringen.

Übung
Formulieren Sie ein SMARTes Ziel

Formulieren Sie ein Ziel, das den Kriterien der SMARTen Zielformulierung entspricht. Formulieren Sie es positiv, ohne Vergleich und in der Gegenwartsform. Durch diese Übung erreichen Sie eine deutlich höhere Sogwirkung Ihrer Ziele und richten Ihr Unterbewusstsein auf das Erreichen Ihrer Ziele aus.

Mein Ziel:

Diese Übung können Sie als Arbeitsblatt von unserer Website www.buhr-team.com/de/logins herunterladen.

4.4. Gesetz 4: Setzen Sie Prioritäten

„Ordnung ist das halbe Leben." Deutsches Sprichwort

Gratulation! Ihr Ziel ist perfekt definiert – nun können Sie es direkt nutzen, um den nächsten Schritt in Angriff zu nehmen. Denn mit der Zielformulierung hat sich real noch nichts bewegt oder geändert. Auf Ihrem Schreibtisch herrscht noch immer das gleiche Durcheinander. Doch das wird bald anders werden.

Um Ordnung in den Alltag zu bringen, leistet das sogenannte Eisenhower-Prinzip gute Dienste. Dem ehemaligen amerikanischen Präsidenten wird nachgesagt, dass er alle seine Aufgaben nur nach Wichtigkeit und Dringlichkeit unterschieden hat. Dabei handelte er nach der Maxime „Wichtiges vor Dringlichem". Denn seine Erfahrung hatte ihm gezeigt, dass Wichtiges selten dringlich und Dringliches selten wichtig ist.

Das werden Sie bestätigen können, wenn Sie an Ihr übliches Tagesgeschäft denken. Hier steht allerdings meist die Dringlichkeit in Form von Terminzwängen und Zeitdruck im Vordergrund. Das Telefon suggeriert uns in besonderer Weise die Dringlichkeit von oft unwichtigen Dingen. Am Abend haben Sie dann viel getan und auch einiges erledigt, aber zu den wirklich wichtigen Dingen sind Sie wieder nicht gekommen. Es gilt also, in Zukunft Prioritäten zu setzen.

Was aber ist nun das Wichtige? Ganz einfach: Alles, was Sie näher an Ihr Ziel bringt. Wir wollen nun zusammen versuchen, aus diesem Modell einen Leitfaden für konkretes Handeln abzuleiten. Dazu schreiben Sie bitte als Übung sämtliche Aktivitäten auf, die Sie im Laufe eines Zeitabschnitts – das kann ein Tag oder eine Woche sein – zu erledigen haben.

Übung
Sammeln Sie Ihre Aktivitäten.

Schreiben Sie alle Aktivitäten, die im Moment anstehen, auf ein Blatt Papier.

Meine Aktivitäten:

Diese Übung können Sie als Arbeitsblatt von unserer Website www.buhr-team.com/de/logins herunterladen.

Das Wichtige finden und das Richtige tun

Jetzt geht es darum, diese Aktivitäten nach Vorrangigkeit zu sortieren. Dringende Aufgaben haben einen festen, in der Regel sehr nahen Termin, an dem sie abgeschlossen werden müssen wie z.b. Präsentationen, Vorbereitungen für Kundentermine, Produktions-Deadlines, usw. Wichtige Aufgaben sind eher strategischer, langfristiger und präventiver Natur, sie setzen die Leitlinien für die nächste Zeit und sind von den Auswirkungen her gewichtig.

Aufgaben lassen sich gemäß des oft verwendeten Eisenhower-Prinzips in vier verschiedene Klassen einteilen:

Aufgabenklasse A beinhaltet Aufgaben, die dringend und wichtig sind. Oft handelt es sich um eine Krisensituation, z.b. wenn viel auf dem Spiel steht (= wichtig) und wenn Probleme schnell gelöst werden müssen (= dringend).

Aufgaben der Klasse B sind solche, die im Augenblick nicht dringend wirken, die aber für die Zukunft wichtig sind. Wenn Sie Aufgaben der Klasse B vernachlässigen, geraten Sie möglicherweise schnell in eine Krisensituation. Dann werden aus den B-Aufgaben sofort A-Aufgaben. Zu den B-Aufgaben gehören oft Aktivitäten, die einen präventiven oder strategischen Charakter haben.

In den Quadranten der Aufgabenklasse C gehört das typische Tagesgeschäft. Es handelt sich dabei um solche Aufgaben, die dringend (weil sie schnell erledigt werden müssen) aber langfristig gesehen nicht wichtig sind. Solche Aufgaben können delegiert oder durch eine bessere Organisation verkürzt werden.

D-Aufgaben sind nicht dringend und auch nicht wichtig. Welche Aufgaben tatsächlich D-Aufgaben sind, können Sie nur für sich selbst entscheiden. Es gilt zu überprüfen, ob Sie solche Aufgaben überhaupt erledigen wollen. Es kann z.b. sein, dass Ihnen eine D-Aufgabe viel Freude bereitet, auch wenn Sie eigentlich keine große Bedeutung hat. Sie können im Bereich der D-Aufgaben leicht Zeit sparen, sollten aber auch darauf achten, dass manchmal schön ist und gut tut, etwas zu tun, das weder wichtig noch dringend ist. Im Rahmen des Zeitmanagements gilt die Richtlinie: D-Aufgaben erst dann erledigen, wenn Sie die anderen Aufgaben abgearbeitet haben.

Wegwerfen fällt Ihnen schwer? Dann versuchen Sie es einmal mit einem zweiten Papierkorb, der nur einmal im Monat geleert wird. Was Sie in dieser Frist nicht vermisst haben, werden Sie wohl auch in Zukunft nicht brauchen. Anderer Vorschlag: Die Komposttechnik. Alles, was Sie nicht einschätzen können, legen Sie auf einen großen Stapel. Nach ei-

nem halben Jahr geben Sie den untersten Teil dieses Stapels in den
Müll. Diese Sachen werden Sie sowieso nie mehr benötigen.

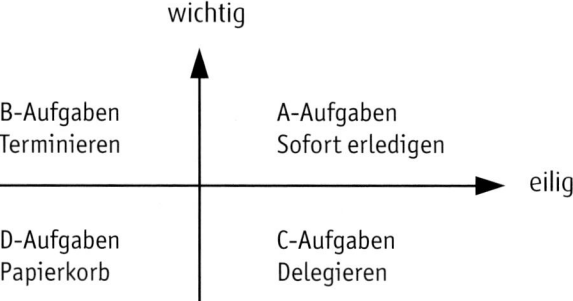

Wichtig oder dringend: die Quadranten im Eisenhower-Prinzip

Am besten, Sie setzen gleich mal in die Praxis um, was Sie eben gelernt
haben. Ordnen Sie Ihre Aktivitäten bitte jetzt in der nächsten Übung.

Übung
Priorisieren Sie Ihre Aktivitäten

Nehmen Sie jetzt bitte Ihre Aktivitätenliste aus Übung 4 und sortieren sie nach den entsprechenden Prioritäten.

Priorität A (wichtig und dringlich):

Priorität B (wichtig und nicht dringlich):

Priorität C (nicht wichtig aber dringlich):

Priorität D (weder wichtig noch dringlich):

Diese Übung mit dem Quadrantensystem können Sie als Arbeitsblatt
von unserer Website www.buhr-team.com/de/logins herunterladen.

Aus den Augen, aus dem Sinn – vergessene Termine machen doppelt Arbeit

Ist Ihnen bei dieser Übung etwas aufgefallen? Höchstwahrscheinlich geht es Ihnen wie den meisten Menschen: Die Aktivitäten der Klasse A sind klar in der Überzahl. Grund für dieses Phänomen ist häufig eine Prioritätenliste, die lange Zeit falsch geführt wurde. Differenzieren Sie, denken Sie weitsichtig und strategisch. Sie sind kein Krisenmanager oder Feuerwehrmann, der sofort an allen Ecken und Enden löschen muss. Sie müssen keineswegs alles umgehend erledigen. Sondern können mit Bedacht Ihre Handlungen organisieren.

> **Denkanstoß:**
> Planen Sie Ihre Aktivitäten sorgfältig. Ihr Tag ist wertvoll!

In diesem Zusammenhang ist auch von Bedeutung, dass Aufgaben, die noch weit in der Zukunft liegen, an Dringlichkeit verlieren und von uns deswegen nicht beachtet werden. Sie kennen die Situation: „Plötzlich ist Weihnachten und ich habe noch gar keine Geschenke!" So kommt es, dass ursprünglich leicht zu terminierende Arbeiten in Vergessenheit geraten und dann mit aller Wucht geballt auf uns einstürzen. Schon sind wir wieder im Stress, handeln hektisch und haben keinen Blick mehr für andere B-Aktivitäten – womit der Teufelskreis von neuem beginnt.

Einfach nach Plan: in fünf Schritten zum Prioritäten-Manager

Um aus diesem Teufelskreis herauszukommen, gibt es einen sicheren Weg: Werden Sie ein gewiefter Prioritäten-Manager im Sinne von Steven Covey! Dazu haben wir einen 5-Punkte-Plan vorbereitet, den Sie gewissenhaft befolgen sollten.

Punkt 1: Investieren
Machen Sie sich klar, dass es ohne persönlichen Einsatz keine Gegenleistung gibt. Also nehmen Sie sich Zeit, um Ihre Arbeit effizient und neu zu organisieren oder um Personal zu finden, das Sie dabei unterstützt. Investieren Sie ausreichend Geld, um bessere Organisationsmittel anzuschaffen und Ihre Mitarbeiter angemessen zu bezahlen. Handeln Sie im Übrigen nach dem beschriebenen Schema: D-Prioritäten

„Aufgaben delegieren" heißt: Nicht mehr Personen und Tätigkeiten überwachen, sondern nur noch Ergebnisse."
B.C. Forbes

wegwerfen, C-Prioritäten konsequent an andere delegieren. Das heißt, dass Sie sich unter Umständen von lieb gewonnenen Gewohnheiten trennen müssen. Gleichzeitig sollten Sie anerkennen, dass Sie kein perfekter Allrounder sind, sondern andere Menschen bestimmte Dinge besser können als Sie. Lernen Sie loszulassen. Denn erst dann, wenn Sie die Hände frei haben, können Sie neue Chancen ergreifen.

Punkt 2: Mitarbeiter fördern

„Ein gescheiter Mann muss so gescheit sein, Leute anzustellen, die viel gescheiter sind als er."
John F. Kennedy

Das Delegieren der C-Prioritäten ist nur der Anfang. Wirkliche Entlastung erfahren Sie erst, wenn Ihre Mitarbeiter auf der gleichen Wellenlänge liegen wie Sie. Versetzen Sie Ihre Leute durch gezielte Information und Motivation in die Lage, genau so zu denken und zu handeln, wie Sie es in vergleichbaren Situationen tun würden. Dann können Sie immer komplexere und wichtigere Aufgaben abgeben und sich selbst den visionären Themen widmen, die Sie Ihren Zielen tatsächlich näher bringen. Denken Sie bitte daran: Wer sich unentbehrlich macht, nimmt sich die Chance zur Weiterentwicklung.

Punkt 3: Nein Sagen

Prägen Sie sich ganz fest ein: Es geht allein um Ihre Ziele und nicht um die der anderen. Handeln Sie danach. Lassen Sie sich nicht vor einen Karren spannen, den Sie gar nicht ziehen wollen. Zwingen Sie sich, nachdrücklich Nein zu sagen. Und bleiben Sie bei Ihrer Entscheidung mit allen Konsequenzen. Auch wenn es manchmal schwer fällt, die Verantwortung für die Folgen zu übernehmen.

Punkt 4: Diszipliniert und konsequent sein

Zu diesem Punkt passt eine Geschichte aus England. Ein Gartenbesitzer wurde einmal gefragt, was er unternehme, damit sein Rasen so gepflegt aussehe. „Schneiden und wässern...", antwortete der Mann. „Das mache ich auch. Aber trotzdem ist mein Rasen lange nicht so schön wie Ihrer", entgegnete der andere. Darauf ergänzte der Engländer seinen Satz und bemerkte: „ ... seit hundert Jahren."

Denkanstoß

Verfolgen Sie Ihre Ziele mit aller Konsequenz. Denn ohne Durchhaltevermögen kann niemand auf Dauer etwas erreichen.

Auf unser Thema übertragen bedeutet das: Wenn Sie die ersten drei Punkte unseres Prioritäten-Manager-Plans nicht konsequent und diszipliniert weiterverfolgen, entfachen Sie lediglich ein Strohfeuer mit begrenzter Wirkung. Achten Sie also darauf, was Ihnen wirklich etwas bringt – und machen Sie es zur Gewohnheit. Denken Sie außerdem daran, dass es in der Regel 21 Tage dauert, bis sich die Menschen an etwas Neues gewöhnt haben. Erst dann verlieren wir das ungewohnte Gefühl der Umstellung; das Neue wird alltäglich.

Punkt 5: Starten Sie jetzt
Noch ist alles blanke Theorie. Doch die besten Vorsätze sind Makulatur, wenn Sie nicht aktiv werden und sie umsetzen. Deshalb handeln Sie ab sofort planmäßig nach unserem 5-Punkte-Modell. Sie werden sehen: Bald besitzen Sie alle Fähigkeiten, die einen tüchtigen Prioritäten-Manager auszeichnen. Peu à peu verbessern sich die Arbeitsabläufe, Sie gewinnen Zeit, sich um die wirklich wesentlichen Dinge zu kümmern. Das verschafft Ihnen ein Mehr an Lebensqualität und Wohlbefinden. Darum verlieren Sie keine Zeit und wenden Sie sich gleich der nächsten Übung zu. Dabei geht es darum, Ihren persönlichen Aktions-Plan als Prioritäten-Manager aufzustellen.

Übung
Ihr persönlicher Aktionsplan zum Prioritäten-Manager

Beantworten Sie bitte die folgenden Fragen. Sie erhalten dadurch Klarheit über Ihren Handlungsplan und können direkt loslegen.

Was werden Sie investieren, um Ihren A-Überschuss abzubauen?

Welche Mitarbeiter werden Sie wie weiter entwickeln, um dies zu fördern und sich selbst zu entlasten?

Wozu werden Sie künftig NEIN sagen? Und wie werden Sie das schaffen?

Was wird Ihnen helfen, konsequent zu bleiben? Von wem können Sie Unterstützung in Krisenzeiten erwarten?

Was ist Ihr erster Schritt? Woran merken Sie heute Abend, dass Sie bereits losgegangen sind?

Diese Übung können Sie als Arbeitsblatt von unserer Website www.buhr-team.com/de/logins herunterladen.

4.5. Gesetz 5: Geschwindigkeit ist relativ

„Verschwen-
dete Zeit ist
Dasein. Ge-
brauchte Zeit ist
Leben."
Edward Young

Mag sein, dass von Ihrer Seite jetzt der Einwand kommt: „Alles schön und gut. Wenn die Tage länger wären, würde ich auch alles schaffen und in Ordnung bringen." Glauben Sie das wirklich? Der Knackpunkt ist nämlich nicht, wie viel Zeit Sie haben. Das können Sie schon daran erkennen, dass zwar jedem Menschen ungefähr gleich viel Zeit zur Verfügung steht, manche aber offensichtlich in dieser Spanne wesentlich mehr schaffen als andere. Es kommt folglich nur darauf an, was Sie mit Ihrer Zeit machen.

Ist Ihnen schon einmal aufgefallen, dass Ihnen je nach Tätigkeit eine Stunde unterschiedlich lang vorkommt? Wenn Sie in diesen 60 Minuten etwas Unangenehmes, Lästiges erledigen, was Ihnen überhaupt keinen Spaß bringt, dann scheint diese Stunde nie vorbeigehen zu wollen. Wenn Sie dagegen in ein anregendes Gespräch vertieft sind oder einen spannenden Fernseh-Krimi sehen, fliegt die Zeit nur so dahin. Die Ursache für dieses unterschiedliche Empfinden liegt in Ihrer persönlichen Präsenz begründet. Sobald Sie hundertprozentig engagiert und bei der Sache sind, wird der Faktor Zeit zur Nebensache. Müssen Sie sich jedoch mit einer Aufgabe beschäftigen, die Sie nicht interessiert, wird das Zeitgefühl zu der dominierenden Komponente.

Sie möchten gerne erfahren, wie das Phänomen Zeit sich bei Ihnen auswirkt? In der folgenden Übung können Sie es feststellen.

Übung
Machen Sie sich Ihr Zeitempfinden bewusst

Beantworten Sie bitte die folgenden Fragen. Dadurch erhalten Sie Hinweise darauf, wie Sie mit Ihrer Zeit umgehen.

Wann vergeht meine Zeit schnell/langsam?

Wofür habe ich zu wenig Zeit?

Bei welchen Aktivitäten fühle ich mich präsent?

Welche zeitlichen Ungleichgewichte bei meinen Zielen spüre ich?

Welche Schlussfolgerungen ziehe ich daraus?

Diese Übung können Sie als Arbeitsblatt von unserer Website
www.buhr-team.com/de/logins herunterladen.

Alles fließt – das ultimative FLOW-Erlebnis

Das hundertprozentige Einlassen auf das Hier und Jetzt definiert der
Autor Mihaly Csikczentmihalyi als ein Element des sogenannten FLOW-
Erlebnisses. FLOW kommt aus dem Englischen und bedeutet so viel wie
Strömen oder Fließen. Auf unser Thema bezogen könnte man sagen:
Das FLOW-Erlebnis beschreibt das völlige Verschmelzen mit dem Mo-
ment, verbunden mit Entspannung, völliger Konzentration und einem
unbeschreiblichen Hochgefühl. Zugleich entwickelt sich die Fähigkeit,
Spitzenleistungen zu erbringen.
Im Gegensatz zu alltäglichen Geschehnissen zeichnet sich das FLOW-
Erlebnis durch neun Merkmale aus:
1. Klare Ziele: Im FLOW wissen Sie genau, was zu tun ist und wohin die
Reise geht.
2. Unmittelbares Feedback: Ihnen ist sofort klar, wie gut Sie eine Sache machen.
3. Gleichgewicht zwischen Aufgabe und Fähigkeiten: Sie bewegen sich
auf dem schmalen Grad zwischen Überforderung und Langeweile.
4. Einheit: Denken und Handeln sind eins. Sie konzentrieren sich voll
auf das, was Sie gerade tun.
5. Keine Ablenkungen: Sie achten ausschließlich auf die Dinge, die für
den Augenblick relevant sind.
6. Angstfreiheit: Sie sind zu beschäftigt, um über ein Scheitern nachzudenken.

7. Selbstvergessenheit: Sie gehen so in Ihrer Tätigkeit auf, dass Sie sich über Ihren Selbstschutz keine Gedanken machen.
8. Kein Zeitgefühl: Sie erleben Stunden wie Minuten, aber auch Sekunden wie eine Ewigkeit.
9. Der Weg ist das Ziel: Sie beginnen alle Aktivitäten zu genießen, die solch ein FLOW-Erlebnis auslösten.

In diesem außergewöhnlichen Zustand sind wir in der Lage, erstklassige Ergebnisse zu liefern. Ohne große Anstrengung, sondern mit einem herrlichen Gefühl von Leichtigkeit.

Wenn Sie FLOW-Erlebnisse bewusst herbeiführen wollen, sorgen Sie dafür, dass
• Ihre Ziele klar sind
• Sie genau wissen, was Sie tun müssen, um sie zu erreichen
• alle Störungen ausgeschaltet sind
• Sie lieben, was Sie tun!

Keine halben Sachen machen: Gehen Sie aufs Ganze

„Nur ein mittelmäßiger Mensch ist immer in Hochform."
William Somerset Maugham

Wir Menschen lieben unsere Bequemlichkeit. Deshalb strengen wir uns auch nur so sehr an wie unbedingt erforderlich. Denn aus Erfahrung wissen wir: Auch wenn wir nicht alles geben, können wir uns bei vielen Gelegenheiten trotzdem ganz gut durchmogeln.
Dieses „Fahren mit gebremstem Schaum" führt jedoch oft dazu, dass die Qualität des Ergebnisses nicht optimal ausfällt. Das stört uns wenig, solange es nicht auffliegt. Sauber ist diese Vorgehensweise aber keineswegs. Schon allein deswegen sollten Sie sich bei allem, was Sie unternehmen, hundertprozentig engagieren. Das heißt nicht, dass Sie mehr Zeit für die anstehenden Dinge erübrigen sollten. Sondern, dass Sie mit Herz und Seele bei der Sache sind.

Falls Sie trotzdem meinen, zu wenig Zeit zu haben, nehmen Sie noch einmal Ihre Ziele und Prioritäten unter die Lupe. Vielleicht sind sie zu anspruchsvoll, oder es ergibt sich ein Ungleichgewicht zwischen den verschiedenen Lebensbereichen, was Sie überfordert? Korrigieren Sie die gesetzten Ziele entsprechend. Und bedenken Sie: Wirklich begrenzt ist eigentlich nur Ihre Lebenszeit. Aus diesem Grund sollten Sie sich von Anfang an dafür entscheiden, die richtigen Dinge zu tun – anstatt nur die Dinge richtig zu tun.

Die Crux mit den unerledigten Sachen: Immer kommt etwas dazwischen

Einer der größten Stressfaktoren in unserem Leben sind die Dinge, die aus irgendeinem Grund liegen geblieben sind. Schauen Sie Ihren Schreibtisch an und Sie wissen, wovon die Rede ist. Alles, was Sie anfangen und nicht zu Ende bringen, bindet wertvolle Energien. Und je länger sich die Angelegenheit in die Länge zieht, desto mehr Kraft kostet es.

Denkanstoß:
Geben Sie immer Ihr Bestes. Nur so werden Sie optimale Ergebnisse erzielen.

Entschuldigungen für diese Lässigkeit gibt es natürlich viele. Eine davon haben Sie vielleicht selbst schon einmal benutzt: „Ich habe solche Probleme, etwas anzufangen. Wenn ich erst mal dabei bin, komme ich gut voran. Aber der erste Schritt fällt mir so schwer." Es trifft sich dann häufig gut, dass meist etwas dazwischen kommt, wenn man sich gerade zum Beginnen durchgerungen hat.

Wenn Sie auch zu diesen Menschen gehören, für die aller Anfang schwer ist, befolgen Sie diese Tipps.
1. Räumen sie Ihren Schreibtisch vollständig leer, damit Sie von nichts mehr abgelenkt werden können.
2. Schaffen Sie sich ein Ritual für den Beginn einer Arbeit. Das kann eine bestimmte Uhrzeit sein, eine Tasse Kaffe, eine Ideen-Liste oder eine Planung. Ganz gleich, was es ist: Hauptsache, Sie machen etwas, das allein für diese eine Situation typisch ist und sonst unterbleibt.
3. Fangen Sie jetzt an. Tun Sie irgendetwas, was mit dem betreffenden Vorgang in Verbindung steht. Irgendeine Aktivität. Es geht einfach nur um den ersten Schritt.

„Jedem Anfang wohnt ein Zauber inne, der uns beschützt und der uns hilft zu leben." Hermann Hesse

Zeit zum Handeln: Vertagtes auf die Tagesordnung

Eine weitere Hemmschwelle, tatkräftig vor uns liegende Aufgaben anzupacken, ist die Angst vor Unannehmlichkeiten. Deshalb schieben wir zum Beispiel unangenehme Anrufe möglichst weit hinaus. Mit der Folge, dass die Furcht vor eventuellen Konsequenzen immer weiter

anwächst. Durch das permanente Verschleppen des Telefonats ist der andere mittlerweile wirklich ärgerlich geworden und handelt entsprechend. Als Kunde wechselt er vielleicht zur Konkurrenz; der Vertreter einer Behörde schickt ein Einschreiben mit Fristsetzung und ein Lieferant droht mit einer gerichtlichen Mahnung.
Stecken Sie also nicht den Kopf in den Sand, sondern bringen Sie derartig unerfreuliche Angelegenheiten am besten gleich morgens hinter sich. Dann haben Sie den Kopf frei und können sich angenehmeren Dingen zuwenden.

Denkanstoß:
Je mehr Sie vor Problemen davonlaufen, desto schneller werden Sie von ihnen eingeholt.

Oder gehören Sie zu den Zeitgenossen, bei denen Vorgänge immer irgendwie im Sande verlaufen? Sie verlieren den Spaß an der Sache oder wissen nicht recht, wie sie ein Hindernis überwinden sollen und legen die Arbeit deshalb immer wieder auf die Seite – oder den großen Stapel. Dann helfen Ihnen sicher klar formulierte Zielsetzungen mit kurzfristigen Teilzielen. Um den Überblick zu behalten, haben sich Checklisten oder eine Aktualitäten-MindMap® bewährt.

Eine endlose Geschichte – einmal muss Schluss sein

Es gibt aber auch Menschen, die haben kein Problem damit, anzufangen oder durchzuhalten. Jedoch große Schwierigkeiten aufzuhören. Sei es, weil die Arbeit richtig Spaß macht oder aus Angst, nach Beendigung des Projekts in ein tiefes Loch zu fallen und nicht mehr gebraucht zu werden.
Wie auch immer: Machen Sie sich bitte bewusst, dass es stets einen idealen Punkt zum Aufhören gibt. Gehen Sie über diesen Punkt hinaus, entwickelt sich die Sache meist zum Schlechten. Dies gilt sowohl für berufliche als auch für private Aktivitäten. Nicht von ungefähr heißt es im Volksmund: „Man soll gehen, wenn es am schönsten ist." Wenn Sie beispielsweise auf Partys immer zu den Letzten gehören, erleben Sie auch die Schattenseiten der Festivität mit – die nachlassende Stimmung, die Entgleisungen der Gäste, die zu tief ins Glas geschaut haben, den abgestandenen Rauch und das abgegessene Buffet, das im ersten Morgengrauen ausgesprochen trostlos wirkt. Wenn Sie sich

dagegen rechtzeitig verabschieden, behalten Sie das Fest in schöner Erinnerung und können den nächsten Tag auch noch nutzen. Wie schaut es nun bei Ihnen persönlich mit den unerledigten Arbeiten aus? Was hält Sie davon ab, Arbeiten zu Ende zu bringen? Machen Sie sich zum Beispiel einen Plan für die Zeit danach. Oft hilft das schon. In der nächsten Übung können Sie Ihre persönliche Situation gleich einmal überprüfen.

Übung
Machen Sie sich Ihre unerledigten Arbeiten bewusst

Tragen Sie in die linke Spalte der Tabelle die Arbeiten ein, die Sie noch nicht beendet oder noch gar nicht begonnen haben. Füllen Sie dann auch die anderen beiden Spalten aus. Sie erhalten dadurch Hinweise auf Muster und Regelmäßigkeiten bei der Nichterledigung Ihrer Arbeiten und können besser gegensteuern.

Aktivität beendet?	Warum nicht ein Ende zu finden?	Was tue ich, um

Diese Übung können Sie als Arbeitsblatt von unserer Website www.buhr-team.com/de/logins herunterladen.

Gut ist für viele nicht gut genug – allzu perfekt muss wirklich nicht sein

Oder gehören Sie zu den Leuten, die niemals mit sich und den erreichten Ergebnissen zufrieden sein können? Dieser Hang zum Perfektionismus kostet Sie viel Aufwand und noch mehr Zeit. Manchmal zu viel Zeit, denn unter Umständen kann Ihnen das passieren, was Michail Gorbatschow vor ein paar Jahren so treffend formuliert hat: Wer zu spät kommt, den bestraft das Leben.

Denkanstoß:
Nehmen Sie die Dinge nicht so wichtig. Dann ist das Leben nur halb so schwer.

Wenn Sie immer wieder an Ihrer Aufgabe feilen, um auch die letzten Unebenheiten zu beseitigen, kann irgendwann die ganze Arbeit buchstäblich für die Katz' gewesen sein. Weil Sie nicht pünktlich fertig geworden sind, wird Ihr Ergebnis nicht mehr benötigt. Obwohl Sie möglichst perfekt sein wollten, sind Sie letztendlich gescheitert. Das muss nicht sein. Denn es gibt ein System, das beweist, dass Sie mit weniger Einsatz genügend viel erreichen.

80 Prozent sind so gut wie 100: Das Pareto-Prinzip liefert den Beweis

Vilfredo Pareto war ein Wirtschaftswissenschaftler und Soziologe, der zu Anfang des 20. Jahrhunderts die Verteilung des Volksvermögens in Italien untersucht hatte. Dabei fand er heraus, dass sich 80 Prozent des Besitzes in den Händen von 20 Prozent der Familien befand. Pareto übertrug nun diesen quantitativen Zusammenhang auch auf andere Bereiche und fand heraus, dass er auch dort zutraf. Aus diesen Erkenntnissen lässt sich beispielsweise ableiten, dass Unternehmen 80 Prozent ihres Umsatzes mit 20 Prozent ihrer Kunden erzielen. Oder dass Sie in 20 Prozent Ihrer Arbeitszeit 80 Prozent Ihrer Ergebnisse erzielen.

Denkanstoß:
Nobody is perfect. Deshalb: Eifer ist gut, doch Übereifer schadet.

Für die nächsten 10 Prozent des Ergebnisses benötigen Sie noch einmal 30 Prozent Aufwand. Und die letzten 10 Prozent kosten genau so viel Aufwand wie die ersten 90 Prozent. Dies lässt nur einen Schluss zu: Alles hundertprozentig erledigen zu wollen, führt zu einer ungeheuren Kraftvergeudung. Können Sie sich das wirklich leisten? Wesentlich klüger ist es, sich genau zu überlegen, wo Sie sich mit den erreichten 80 Prozent zufrieden geben können. Somit sind Sie deutlich häufiger in der Lage, Ihre Kräfte für neue Aufgaben und Ziele einzusetzen. Oder dort, wo 100 Prozent unabdingbar sind.
In der folgenden Übung können Sie feststellen, wo die Pareto-Regel bei Ihnen greift.

Übung
Machen Sie sich Ihre Einsparpotenziale klar

Bitte beantworten Sie folgende Fragen. Sie erkennen dadurch, wo Sie vielleicht noch zu viel des Guten tun und Zeit und Energie sparen können.

Was ist meine persönliche Pareto-Regel? _____

Wo betreibe ich Perfektionismus? _____

An welchen Stellen kann ich mir eine 80-Prozent-Lösung leisten? Wo ist eine 80-Prozent-Lösung besser als Perfektion?

Diese Übung können Sie als Arbeitsblatt von unserer Website www.buhr-team.com/de/logins herunterladen.

Locker durch den Tag – mit guter Planung fällt vieles leichter

Nachdem Sie jetzt wissen, wo und wie Sie mit Hilfe von Pareto Ihre Aktivitäten optimieren können, möchten wir Ihnen einige praktische Ratschläge zur Gestaltung Ihres Tagesablaufs geben. Zunächst und grundsätzlich: Planen Sie Ihren Tag. Schriftlich. Auch dann, wenn Sie nicht gern vorausplanen. Es lohnt sich wirklich.

Wenn Sie Ihre Pläne für den Tag zu Papier bringen, merken Sie schnell, wo es hakt. Eventuell stimmen die Zeitansätze nicht, die Sie sich für die Erledigung bestimmter Arbeiten zubilligen. Schon haben Sie den Grund für Ihre ständige Überforderung gefunden. Durch eine frühzeitige Planung können Sie diese und andere Konfliktsituationen vermeiden, bevor sie überhaupt entstehen. Übrigens: Das mit dem Stück Papier müssen Sie nicht unbedingt wörtlich nehmen. Ein Organizer oder Ihr PC sind ebenso gute Hilfsmittel, um Ihre Planung zu fixieren. Eines sollten Sie noch berücksichtigen: Lassen Sie sich unbedingt einen gewissen Freiraum zum Improvisieren. Denn täglich geschehen unvorsehbare Ereignisse, auf die Sie flexibel reagieren müssen. Eine allzu rigide Planung würde Sie in diesem Fall nur unnötig einengen. Deshalb beachten Sie bitte folgende Richtlinien:

Verplanen Sie nur etwa 60 Prozent des Tages fest. Den Rest lassen Sie offen. Ca. 65 Prozent Ihrer geplanten Zeit sollten Sie mit Aufgaben der

„Präzise planen kostet in der Regel auch nicht mehr Energie als träumen, wünschen und hoffen."
Spruchweisheit aus den USA

ersten Priorität verbringen. Das sind die wichtigsten 15 Prozent Ihrer Aufgaben. 20 Prozent mit Aufgaben der zweiten Priorität, die durchschnittlich wichtig sind. Und 15 Prozent mit Aufgaben der dritten Priorität – also jene, die eine geringere Wichtigkeit aufweisen.

Berg- und Talfahrt bei der Leistung: Zweimal erreichen Sie täglich die Spitze

„Man tut, was man kann, und legt sich dann schlafen. Und auf diese Weise geschieht es, dass man eines Tages etwas geleistet hat."
Paula Modersohn-Becker

Kein Mensch verfügt Tag und Nacht über dieselbe Leistungsfähigkeit. Damit sagen wir Ihnen sicher nichts Neues. Aber: Nur die wenigsten setzen diese Erkenntnis auch um. So berücksichtigen nur 21 Prozent aller Führungskräfte ihre persönliche Leistungskurve im Tagesverlauf. Kein gutes Beispiel für ein intelligentes Manager-Verhalten.
Unsere durchschnittliche Leistungskurve steigt vormittags steil an. Bereits um 08.00 Uhr in der Frühe liegen wir 20 Prozent über dem Normwert; zwei Stunden später haben wir den ersten Leistungshöhepunkt erreicht, der gleichzeitig das absolute Tagesmaximum darstellt. Danach fällt die Kurve ab – ein üppiges Mittagessen beschleunigt die Talfahrt. Am späteren Nachmittag geht es dann wieder aufwärts, bis wir gegen 20.00 Uhr den zweiten Höhepunkt des Tages erleben, der jedoch deutlich unter dem Vormittagshoch bleibt.
Die Hochs sind willkommen. Was aber unternimmt man gegen das gefürchtete Mittagsloch? Schließlich dauert es noch einige Zeit bis zum Feierabend, und die Arbeit darf nicht liegen bleiben. Kaffee nützt wenig. Besser ist, Sie gehen ein Weilchen an der frischen Luft spazieren oder halten, wenn möglich, ein zehnminütiges Nickerchen.
Je nachdem, ob Sie ein Tag- oder Nachtmensch sind, verläuft die Leistungskurve mit den beiden Hochs zeitlich unterschiedlich. Mit Hilfe unserer Übung können Sie Ihrem persönlichen Leistungsrhythmus schnell auf die Spur kommen.

Übung
Kommen Sie Ihrem persönlichen Leistungsrhythmus auf die Spur

Beantworten Sie die folgenden Fragen. Dadurch erfahren Sie mehr über Ihren persönlichen Leistungsrhythmus und können sich darauf einstellen.
Zu welchen Tageszeiten fühlen Sie sich am leistungsfähigsten?

Zu welchen Zeiten sind Sie geistig besonders fit?

Zu welchen Zeiten beginnen Sie zu ermüden oder fallen Ihnen bestimmte Tätigkeiten besonders schwer?

Wann treiben Sie am liebsten Ausgleichssport, gehen Ihren Hobbys nach oder entspannen sich?

Wann schlafen Sie am liebsten?

Diese Übung können Sie als Arbeitsblatt von unserer Website www.buhr-team.com/de/logins herunterladen.

Versuchen Sie jetzt, Ihre Tagesplanung mit Ihrer Leistungskurve in Einklang zu bringen. Grundsätzlich gilt:

„Denken ist die Arbeit des Intellekts, Träumen sein Vergnügen."
Victor Hugo

- A-Prioriäten und Aufgaben, die Konzentration und Zeit erfordern, erledigen Sie vormittags. Sorgen Sie dafür, dass Sie nicht gestört werden.
- Nützlich ist eine Methode, die Prof. Dr. Lothar Seiwert bekannt gemacht hat: Erledigen Sie morgens ein paar der dicken Brocken: das sind anspruchsvolle Aufgaben, Projekte, vor denen Sie sich schon etwas länger gedrückt haben, die Auseinandersetzung mit einem unangenehmen Kunden etwa, oder das wichtige Gespräch mit einem streitenden Teenager. Dann widmen Sie sich ein paar der kleinen Steine, und schließlich, wie im Folgenden beschrieben, machen Sie die „Sand-Aufgaben". Sie werden sehen, wenn Sie morgens schon die fiesen Brocken weggearbeitet haben, kommt Ihnen der Rest des Tages wie ein Spaziergang vor: leicht und freudvoll!
- Apropos Spaziergang: Planen Sie nach dem Mittagessen immer einen ein! Verzichten Sie dafür auf die Tasse Kaffee in der Kantine, 15 Minuten Bewegung sind allemal besser und regen Sie nochmal richtig an.
- Am Nachmittag kümmern Sie sich um Routinetätigkeiten, Telefonate und nicht so wichtigen Kleinkram.
- Legen Sie nach jeder Stunde intensiven Arbeitens eine Pause ein. Möglichst ohne Zigarette.

Noch kein Feierabend nach Geschäftsschluss: Etwas bleibt noch für Sie zu tun

Bevor Sie es sich mit Ihren Lieben vor dem Fernseher gemütlich machen, nehmen Sie sich die Planung für den nächsten Arbeitstag vor. Dabei gehen Sie noch einmal Ihre Aufgabenliste durch und haken alles ab, was bereits erledigt ist. Was Sie nicht geschafft haben, wird auf morgen übertragen. Bei dieser Gelegenheit können Sie die gesetzten Prioritäten neu überdenken und bei Bedarf ändern. Vielleicht lässt sich das eine oder andere delegieren oder auf einen späteren Zeitpunkt verschieben.

Zwei Gründe sprechen dafür, die Tagesplanung schon am Vorabend aufzustellen: Zum einen können Sie kontrollieren, wie effizient Sie bisher gearbeitet haben. Zum anderen haben Sie genügend Vorlauf, um sich in aller Ruhe auf den morgigen Tag vorzubereiten. Häufig arbeitet Ihr Unterbewusstsein bereits an einer Lösung anstehender Probleme, so dass Sie morgens aufwachen und wissen, was zu tun ist.

4.6. Gesetz 6: Erfolgstagebuch - das Mittel der Motivation

Es gibt noch eine andere Methode, um sozusagen über Nacht die individuelle Weiterentwicklung zu unterstützen. Sie führen ein Erfolgstagebuch. Fünf Minuten am Abend reichen aus, um sich die folgenden drei Fragen zu beantworten.

Was habe ich heute erreicht?
Notieren Sie unter diesem Punkt alle Erfolge des Tages. Dazu gehören nicht nur sämtliche Arbeitsergebnisse, sondern auch persönliche Dinge wie die Einhaltung des Versprechens, mit den Kindern zu spielen oder die Tatsache, dass Sie Ihren Tagesplan zum ersten Mal bereits am Abend fertiggestellt haben.

Was habe ich heute gelernt?
Schreiben Sie auf, welche neuen Erfahrungen und Erkenntnisse Sie gesammelt haben. Ganz gleich, auf welchen Gebieten. Denn es ist für die persönliche Entwicklung von großer Bedeutung, täglich etwas dazuzulernen.

Wem habe ich heute etwas Gutes getan?
Um glücklich und zufrieden zu sein, reicht es nicht aus, nur an sich selbst zu denken. Halten Sie in Ihrem Tagebuch fest, ob und wem Sie

eine Freude gemacht haben. Das brauchen keine großen Geschenke zu sein – ein kleiner Gefallen, ein nettes Wort, ein freundlicher Blick genügen oft schon, um andere Menschen froh zu stimmen. Je länger Sie Ihr Erfolgs-Tagebuch führen, desto mehr wird es Ihnen bedeuten. Sie werden spüren, wie es Ihre Lebenseinstellung positiv beeinflusst und Ihre Motivation fördert. Außerdem haben Sie nun ein Instrument zur Hand, auf das Sie in stürmischen Zeiten zurückgreifen können und das Ihnen hilft, Ruhe und Zuversicht zu bewahren.

> „Sobald jemand in einer Sache Meister geworden ist, sollte er in einer neuen Sache Schüler werden."
> Gerhart Hauptmann

4.7. Gesetz 7: Neue Wege mit Methode

In den heutigen schnelllebigen Zeiten können wir uns nicht mehr darauf verlassen, mit altbewährten Methoden auch in Zukunft Erfolg zu haben. Vielmehr werden wir immer häufiger gezwungen, neue Wege zu gehen. Dies erfordert ein Höchstmaß an Kreativität und Flexibilität. Der Amerikaner Walt Disney, Vater von Mickymaus & Co., hat für diesen Fall eine höchst erfolgreiche Strategie entwickelt.

Stellen Sie sich vor, Sie hängen Ihren Träumen nach. Malen sich aus, was Sie einmal tun möchten. Plötzlich meldet sich eine innere Stimme zu Wort, die Ihre schönen Pläne zunichte macht: „Das schaffst du sowieso nicht, das ist zu teuer, zu schwierig, unmöglich – also lass das Träumen sein und bleib lieber auf dem Teppich."

Ganz ähnlich ist die Situation, wenn Sie voller Elan in einer Arbeitssitzung eine ungewöhnliche Idee präsentieren. Sofort sind Kollegen zur Stelle, die abwiegeln: „Das haben wir noch nie gemacht – das geht nicht."

Walt Disney hat eine Methode gefunden, seinen inneren Kritiker geduldiger zu machen, um ungestört weiter träumen zu können. Und das geht so:

Suchen Sie sich zu Hause oder in Ihrem Büro vier Plätze aus. Platz 1 ist die neutrale Zone, in die Sie immer wieder zurückkehren. Platz 2 gehört dem Träumer. Platz 3 ist für den Realisten reserviert und auf Platz 4 hält sich der Kritiker auf.

Probieren Sie es einmal aus. Begeben Sie sich auf Platz 1 und machen sich zunächst deutlich, um welche spezielle Fragestellung oder Aufgabe es in diesem Moment gehen soll. Sobald das geklärt ist, wechseln Sie zu Platz 2 und träumen Sie Ihre Vision. Lassen Sie Ihrer Phantasie freien Lauf und achten Sie nicht darauf, ob Ihre Ideen realisierbar sind oder nicht. Spinnen ist erlaubt. Gehen Sie anschließend zurück auf die neutrale Ausgangsposition und trennen Sie sich innerlich von Ihrem Träumer.

„Meinen
treuesten Feind
habe ich ganz
nah bei mir:
Mich."
Wolf Biermann

Als nächstes gehen Sie auf den Platz des Realisten. Hier können Sie alles durchdenken und überlegen, was Sie zur Verwirklichung Ihres Traumes benötigen. Kehren Sie dann auf Platz 1 zurück. Jetzt erst kommt der Kritiker an die Reihe. Auf seinem Platz nehmen Sie Ihre Pläne unter die Lupe, wägen Vor- und Nachteile ab, suchen nach Problemen und machen Verbesserungsvorschläge. Sie haben sogar die Möglichkeit, das Vorhaben fallen zu lassen, sollte es sich als ungeeignet herausstellen. Sobald Sie sich über alle Punkte klar geworden sind, wandern Sie zurück zum neutralen Platz. Gesetzt den Fall, Sie haben noch keine endgültig befriedigende Lösung gefunden: Dann beginnen Sie den Reigen von vorn und treffen am Ende Ihre Entscheidung. Die Trennung des kreativen Prozesses von der Kritik ist mittlerweile Bestandteil vieler Kreativitätstechniken. Etwa das Brainstorming, wo die Phase des Ideen-Sammelns außerhalb der Kritik steht. Je öfter Sie sich der Walt-Disney-Methode bedienen, desto mehr werden Sie von den konkreten Plätzen unabhängig und in der Lage sein, das Procedere schnell zu durchlaufen. Und Sie werden sich irgendwann einmal fragen, wie Sie jemals annehmen konnten, nicht kreativ zu sein. Spielen Sie jetzt das Disney-Modell in einer praktischen Übung durch.

Übung
Erleben Sie Ihre Kreativität

Suchen Sie sich 4 Plätze für die 4 Rollen aus und durchlaufen Sie diese Positionen mit den entsprechenden Fragestellungen. Fassen Sie die Ergebnisse unten zusammen Sie werden überrascht sein, wie gut Ihre Ideen fließen. Und je mehr Übung Sie bekommen, desto besser funktioniert es.

Was ist Ihre Fragestellung? (Position 1 – neutral)

Was sind die Aussagen Ihres Träumers? (Position 2)

Was sind die Aussagen Ihres Realisten? (Position 3)

Was sind die Anforderungen Ihres Kritikers? (Position 4)

Wie sieht die Lösung aus? (Position 1 – neutral)

Diese Übung mit einer Kurzbeschreibung können Sie als Arbeitsblatt von unserer Website www.buhr-team.com/de/logins herunterladen.

Roger von Oech, Spezialist für Kreativität, variierte diese Rollenverteilung und ergänzte sie um die Position des Kriegers. Das ist die Person, die schließlich das Ergebnis in die Praxis umsetzt und für die Durchsetzung der Idee kämpft. Der Krieger, der handelt und weiß, wie das geht – das sind Sie. Und diesem widmen wir uns in Kapitel 6 noch einmal intensiv.

Fazit:
• Übernehmen Sie die Verantwortung für das eigene Tun.
• Setzen Sie sich SMARTe Ziele.
• Organisieren Sie Ihr Leben, um den Alltag erfolgreich und effizient zu bewältigen.
• Wenn Sie etwas machen, dann mit hundertprozentigem Engagement. Mit anderen Worten: Sie können nicht immer tun, was Sie lieben. Aber Sie können immer lieben, was Sie tun.
• Teilen Sie Ihre Zeit sinnvoll ein.
• Aktivieren und nutzen Sie Ihr kreatives Potenzial.

Reflexion
Jetzt sind Sie dran: Denken Sie weiter

Welcher Gedanke in diesem Kapitel hat Sie gerade jetzt besonders angesprochen? Welche der Methoden werden Sie nutzen? Welche beherrschen Sie schon und haben Sie in Ihren Arbeitsalltag integriert? Welche der Übungen sollten Sie von Zeit zu Zeit wiederholen? Vielleicht bewegen Sie auch ganz andere Fragen?
Nehmen Sie sich die Zeit, darüber nachzudenken.
Haben Sie Ihre Ziele jetzt deutlicher vor Augen? Stellen Sie sich den nächsten Schritt vor, den Sie tun wollen. Und gehen Sie los – go!

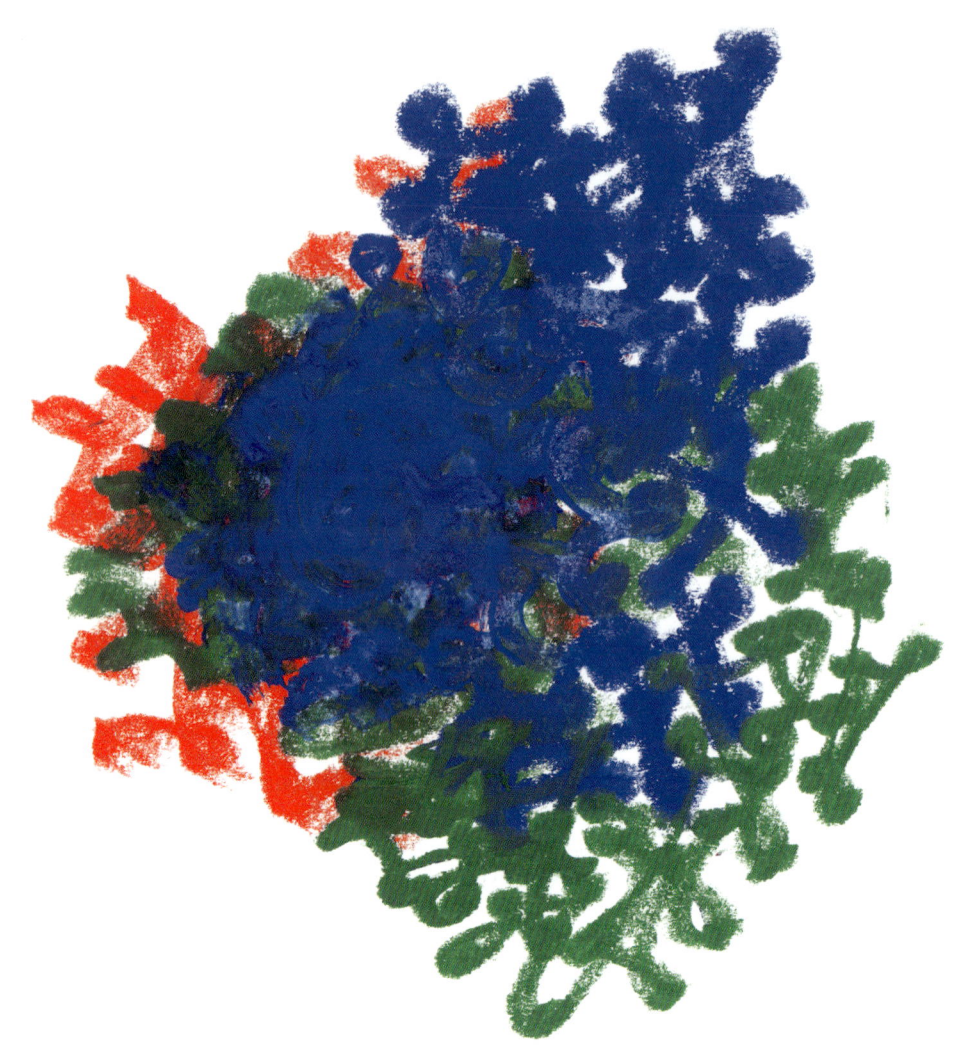

5. Soll und Haben: Geld-Werte Vorteile

In diesem Kapitel geht es um Ihre Finanzen – und darum, wie sich Ihre Einstellung zu Geld und Ihre aktuelle finanzielle Situation auf die anderen Lebensbereiche auswirken. Sie erhalten hier keine Finanz- oder Anlagetipps – diese wären zur jetzigen Zeit sowieso mit höchster Vorsicht zu genießen und kaum über längere Zeit zu halten –, sondern Sie erforschen Ihre finanziellen Ziele und werden Ihre Vermögens- und Einkommenssituation zum jetzigen Zeitpunkt bilanzieren. Es geht um Ihr Geld – auch im Sinne von: Ihre innere Einstellung zu Geld.
Sie werden prüfen, ob Sie es als Angestellter ausreichend weit bringen können. Und wenn ja: Wie werden Sie das tun? Oder ist es an der Zeit, in die Selbstständigkeit zu starten? Für diese Entscheidung finden Sie hier einen Leitfaden.

5.1. Brauchen, wollen, genießen: Geld ist auch eine Charakterfrage

Unsere Einstellung zu Geld hängt wesentlich davon ab, wie wir erzogen wurden, in welchem Umfeld wir leben und wer die Menschen sind, mit denen wir zu tun haben.
Vielleicht finden Sie Reichwerden nicht so wichtig – möchten aber andere große Ziele im Leben erreichen. Viele davon werden Sie nur mit Geld ermöglichen können. Vielleicht streben Sie aber auch nach Wohlstand, möchten sich alle Wünsche erfüllen und gern zum Kreis der Schönen und Reichen gehören. Es ist faszinierend und interessant zu beobachten, wie die Reichen dieser Welt es schaffen, immer noch reicher zu werden. Millionäre ziehen das Geld förmlich an. Scheinen über magische Kräfte zu verfügen, um das Guthaben auf ihren Konten zu mehren. Dahinter steckt jedoch keine Zauberei, sondern die Lust am Besitz. Wer zu Wohlstand gekommen ist, liebt sein Geld und kann sich meist nur schlecht davon trennen. Daher ist die Mehrzahl der Reichen sparsam, manchmal gar geizig. Andere allerdings haben gelernt abzugeben. Sie wissen: Krampfhaftes Festhalten verhindert Entwicklung – das gilt auch in finanziellen Dingen. Es ist eine Frage der Einstellung: Wer sein Geld auch einmal loslassen kann, eröffnet sich neue Chancen.

Wer das Risiko scheut, wird keine neuen Ideen entwickeln und damit das „große Geld" mit Sicherheit verpassen. Also: Halten Sie Ihr Geld im Fluss, dann fließt es überreich zu Ihnen zurück.

Zunächst einmal geht es also darum herauszufinden, was Sie persönlich über Geld, Reichtum und Vermögen denken. Machen Sie dazu am besten gleich die entsprechende Übung. Dann sehen Sie, was Ihre Grundeinstellung zum Thema Geld betrifft, schon etwas klarer.

Übung
Machen Sie sich Ihre Einstellung zum Geld bewusst

Kreuzen Sie die nachstehenden Aussagen an, die auf Sie zutreffen. Gibt es ein Übergewicht in der linken Spalte (Chance, Geld anzuziehen) oder in der rechten Spalte (Chance, Geld abzustoßen) oder sind Sie eher ausgewogen und indifferent? Wenn Sie Klarheit über Ihre Einstellung zu Geld haben, können Sie gegebenenfalls daran arbeiten.

Wer den Pfennig nicht ehrt, ist des Talers nicht wert.	Geld allein macht nicht glücklich.
Ich liebe Geld, es gibt mir ein gutes Gefühl.	Reichtum macht einsam und Geld verdirbt den Charakter.
Geld ist die Messlatte für meinen Erfolg.	Das letzte Hemd hat keine Taschen.
Geld ist nicht alles – aber ohne Geld ist alles nichts.	Lieber arm und glücklich als reich und unglücklich
Stimmt schon: Geld stinkt nicht!	Ich hätte niemals die Disziplin, um zu sparen.
Geld bewirkt viel Gutes.	Es gibt Wichtigeres als Geld.
Finanzielle Unabhängigkeit bedeutet Freiheit und Freude.	Viel Geld kann man nur durch Rücksichtslosigkeit und Härte bekommen.

Diese Übung können Sie als Arbeitsblatt von unserer Website www.buhr-team.com/de/logins herunterladen.

Betrachten Sie nun das Ergebnis: Gibt es ein Übergewicht in der linken Spalte? Diese steht für die Chance, Geld und finanzielle Freiheit tendenziell anzuziehen. Oder gibt es ein Übergewicht in der rechten Spalte, entsprechend der Tendenz, Geld „abzustoßen"? Vielleicht haben Sie auch eine indifferente Einstellung. In jedem Fall machen Sie sich bewusst: Ihre Einstellung bestimmt Ihr Einkommen. Geld zu lieben, heißt nicht, mies oder ausbeuterisch zu sein. Es kann auch heißen, wirtschaftliche und gesellschaftliche Verantwortung zu übernehmen und für sich und andere zu sorgen. Sehen Sie die positiven Aspekte!

Denkanstoß:
Trainieren Sie Ihr Geldgespür! Tragen Sie Bargeld mit sich herum – etwas mehr als ausreichend: Ein 500-€-Schein, den Sie immer in der (Brief-)Tasche haben, ist ein deutliches Signal für Ihr Unterbewusstsein. Oder verschließen Sie eine wertvolle Goldmünze in Ihrer obersten Schreibtischschublade, wo Sie sie oft sehen und sich daran erfreuen können. Legen Sie sich 10.000 € in Ihren Safe. Sie werden feststellen, dass es ein gutes Gefühl ist, dass es da ist und Ihnen gehört.

Das Mittel zum Zweck - Ihre Ziele sind gefragt

Wie Sie mit Ihrem Geld umgehen, hängt von verschiedenen Faktoren ab. Sind Ihre Bekannten beispielsweise vermögender als Sie, werden Sie sich gegebenenfalls bemühen mitzuziehen. Verfügen jedoch Sie über das große Geld, halten Sie sich unter Umständen eher zurück, um keinen Neid und kein Unbehagen zu wecken. Wenn Sie Ihre finanziellen Angelegenheiten einem Anlageberater überlassen, werden Sie sich nicht um jedes Detail kümmern. Wenn Sie dagegen selbst aktiv in Wertpapiere oder Sachwerte investieren, beschäftigen Sie sich zwangsläufig häufig damit und nehmen Ihre finanzielle Situation bewusster wahr. Ein wichtiger Punkt ist auch, welche Ziele Sie verfolgen. Wollen Sie in absehbarer Zeit von Ihrem Vermögen leben? Wollen Sie Ihren Kontostand in einem definierten Zeitraum auf eine bestimmte Zielzahl wie eine Million Euro aufstocken? Geht es Ihnen darum, möglichst viel für den Wohlstand im Alter zu tun, oder sind Sie vor allem daran interessiert, sich hier und heute ohne Einschränkung alles zu gönnen?

Alle Pläne beginnen bei Geld. Verfasser unbekannt

Kommen Sie Ihren Zielen auf die Spur: Streben Sie nach Sicherheit, Freiheit oder Unabhängigkeit? Was ist Ihnen besonders wichtig?

- *Finanzielle Sicherheit* bedeutet, ein halbes Jahr ohne Einnahmen auskommen zu können.

- *Finanzielle Freiheit* heißt, zwei Jahre ohne Einnahmen leben können. In dieser Zeit können Sie etwas Neues ausprobieren und gegebenenfalls die Richtung, in die Ihr Leben läuft, noch einmal wechseln.

- Finanziell *unabhängig* ist der, der dauerhaft gut von den Zinsen seines Vermögens – nach Abzug der Steuern – leben kann.

Welches dieser Ziele reizt Sie?
Machen Sie sich bewusst, wohin die Reise gehen soll. Nutzen Sie dazu die SMARTe Zielformulierung aus Kapitel 3. Steht die Richtung fest, machen Sie sich auf den Weg. Den Weg, Ihr Ziel zu erreichen.

Heißhunger auf Erfolg: Geldverdienen als Lebensinhalt

Man muss ein Geschäftsmann sein, um einen anderen zu schätzen.
George Bernard Shaw

Das unbändige Verlangen, etwas Bestimmtes zu erwerben oder zu besitzen, ist ein starker Motor, der uns zum Handeln antreibt. Wir möchten unbedingt dieses Cabrio fahren. Wir brennen darauf, in die Penthouse-Wohnung einzuziehen. Wir „sterben" ohne die bestimmte Luxusuhr, das Boot, die Finca auf Mallorca. Wir wünschen uns nichts so sehr, als die Koffer zu packen und eine Reise um die Welt anzutreten oder in den luxuriösesten Ressorts an weißen Stränden Urlaub zu machen – die Liste des Begehrens ließe sich beliebig verlängern. Wie ein Sportler, der seine ganze Kraft einsetzt, um bei den Olympischen Spielen Gold zu erringen, investieren wir nun unseren Ehrgeiz in die Verwirklichung unseres größten Wunsches. Es dreht sich fortan alles darum, erfolgreich zu sein und finanziell gut dazustehen. Dieses Ziel hat sich unverrückbar in unserem Innern manifestiert. Spüren Sie dieses unstillbare Verlangen nach Erfolg? Bringen Sie die Beharrlichkeit auf, Ihre Pläne trotz aller Anfechtungen unbeirrt zu verfolgen? Dann werden Sie das sehnlichst Gewünschte auch erreichen.

Denkanstoß:
Der übermächtige Wunsch, etwas zu erlangen, löst in uns den Antrieb zum Handeln aus. Wenn wir uns mit ganzer Kraft darauf konzentrieren, dieses Verlangen zu stillen, werden wir unser Ziel erreichen.

Geht es Ihnen im Moment so? Dann ist der Augenblick gekommen, durchzustarten. Sie haben alle Möglichkeiten in der Hand, auch finanziell etwas Großes zu schaffen. Sie müssen allerdings den Mut und das Durchhaltevermögen aufbringen und für Ihre Wünsche auch wirklich etwas wagen. Dazu gehört auch die Bereitschaft, ein Risiko einzugehen. Sie stellen sich der Herausforderung, statt vor der Verantwortung für das eigene Tun zu kneifen. Ja – Sie wollen viel Geld verdienen! Dafür geben Sie beispielsweise ein Stück Sicherheit im Job auf. Ja – Sie wollen Karriere machen und in eine höhere Position aufsteigen. Auch für den Preis, dass Sie künftig viel öfter schwierige und weitreichende Entscheidungen allein treffen müssen.

Jeder kann im Leben (im Rahmen dessen, was erschaffbar ist) bekommen, was er sich wünscht. Allerdings geben die meisten Menschen zu schnell auf oder scheitern an der Angst vor dem eigenen Versagen. Bleiben wir kurz bei dem Schlüsselwort Versagen. Viele Menschen geben für ihr Scheitern stets anderen die Schuld. Sie schimpfen auf die hohen Preise, ärgern sich über die steigenden Steuern, klagen über Network-Partner und Kunden oder beschweren sich über das viel zu niedrige Gehalt. Kurz: Manche Zeitgenossen finden immer neue Ausreden dafür, dass ihr Geld nicht reicht. Mit der Zeit werden sie verbittert und zweifeln am Sinn des Lebens und ihrer Existenz.

Machen Sie sich bewusst: Es hängt zunächst allein von der inneren Einstellung ab, ob Sie Geld haben oder nicht. Mit einem vertrauensvollen Geldbewusstsein haben Sie die besten Voraussetzungen, Ihre finanziellen Angelegenheiten positiv zu verändern. Starren Sie nicht auf den Mangel! Hüten Sie sich vor übertriebener(!) Sparsamkeit und vor verbissenem Geiz, aber auch vor geldgierigem Raffen. Versuchen Sie, ein gutes, „freundschaftliches" Verhältnis zu Geld zu bekommen. Dann werden Sie Ihr Leben wesentlich sorgenfreier und leichter führen können.

5.2. Wie steht's mit dem Geld? – Machen Sie Kassensturz

Nehmen Sie zunächst Ihre Finanzlage unter die Lupe. Zur Unterstützung haben wir eine entsprechende Übung vorbereitet.

Übung
Analysieren Sie Ihre finanzielle Situation

Kreuzen Sie bitte bei den folgenden Fragen die für Sie zutreffenden Antworten an. Die Ziffern bei einigen Fragen stehen für Noten nach dem Schulsystem. Sie erhalten im Ergebnis einen aufschlussreichen Überblick über Ihre finanzielle Situation und Ihr Potenzial.

1. Wie bewerten Sie Ihr Einkommen?
   1   2   3   4   5

2. Wie beurteilen Sie Ihr Nettovermögen?
   1   2   3   4   5

3. Wie beurteilen Sie Ihre Investitionen?
   1   2   3   4   5

4. Wie schätzen Sie Ihr Wissen über Geld und Kapital ein?
   1   2   3   4   5

5. Haben Sie exakte Finanzpläne für Ihre Zukunft?
   ja   nein

6. Ist Ihr überwiegender Bekanntenkreis
   vermögender   ähnlich vermögend   weniger vermögend als Sie?

7. Sparen Sie jeden Monat 8 bis 12 % Ihres Einkommens?
   ja   unregelmäßig   nein

8. Glauben Sie, dass Sie es verdienen, sehr viel Geld zu besitzen?
   ja   nein   weiß nicht

9. Wie lange könnten Sie von Ihrem Geld leben, ohne einen
   weiteren Euro zu verdienen?
   _____ Monate

10. Ist Ihnen bewusst, was Sie über Geld denken?
    genau   einigermaßen   nein

11. Ist Geld in Ihrem Leben eher
    eine unterstützende oder   eine hemmende Kraft?

12. Wie gut wissen Sie über Geldanlagemöglichkeiten Bescheid?
    1   2   3   4   5

13. Welche Einstellung haben Sie – in einem Satz – zu Geld, Zahlen und Finanzen?

14. Wie bewerten Sie Ihre gesamte finanzielle Situation, nachdem Sie Ihre Fragen beantwortet haben?
    1   2   3   4   5

15. Wie fühlen Sie sich, nachdem Sie die Fragen beantwortet haben?
    1   2   3   4   5

Diese Übung können Sie als Arbeitsblatt von unserer Website www.buhr-team.com/de/logins herunterladen.

Mit spitzem Bleistift gerechnet: wissen, wo das Geld bleibt

Um Ihr Vermögen zu mehren, bieten sich Ihnen zwei mögliche Wege: Entweder Sie erhöhen Ihre Einnahmen wie oben beschrieben, oder Sie verringern Ihre Ausgaben. Besser ist es noch, wenn Sie beides miteinander verbinden. Verschaffen Sie sich einen exakten Überblick über die aktuellen Ausgabenfaktoren. Dann sind Sie in der Lage, Einsparmöglichkeiten herauszufiltern und die Kosten besser in den Griff zu bekommen. Wenn Sie Ihre Ausgabensituation mit spitzem Bleistift analysieren, sollten folgende Positionen in Ihrer Berechnung enthalten sein:

Kredite wirken wie Drogen. Die Dosen erhöhen sich, die Wirkung lässt nach. Man kommt schwer davon los. Die Entziehungskur ist schmerzlich. Hartmut Perschau

- Lebenshaltungskosten im engeren Sinne – Essen und Trinken
- Wohnen und Einrichtung, Wärme und Strom etc.
- Kleidung und Kosmetik
- Kommunikation – Festnetz-Telefonie, Mobiltelefonie-Anbieter, ggf. Ihre Website(s) etc.
- Mobilität – Auto, Reisekosten, Fahrkarten etc.
- Freizeit – Kino, Sport, Ausgehen etc.
- Arbeiten, Arbeitsmittel

- Urlaub und Kurzreisen
- Sparen/Kredit/Versicherungen
- Sonstige regelmäßige Ausgaben

Nachdem Sie den Stand der Dinge ermittelt haben, können Sie nun darangehen, eine Kostenplanung auszuarbeiten. Dabei ist es hilfreich, sich ein Limit für jeden Block der monatlichen Ausgaben zu setzen, um Ihr Budget einzugrenzen. Diesen Rahmen sollten Sie kompromisslos einhalten – anderenfalls besteht die Gefahr, dass Ihnen die Kosten erneut davonlaufen.

Schluss mit dem Leben auf Pump

Schulden sind nicht gleich Schulden. Wenn Sie als Unternehmer einen Kredit aufnehmen, um eine geschäftliche Investition zu tätigen oder um Ihre Firma zu erweitern, ist dies eine notwendige Maßnahme. Denn Sie stellen damit Ihr Unternehmen auf eine breitere finanzielle Basis und erreichen nach dem Break-Even – also dem Punkt, ab dem Gewinn erzielt wird – zeitnah höhere Renditen und nominal ein besseres Ergebnis. Unter diesem Gesichtspunkt erweist sich Schuldenmachen durchaus als sinnvoll.

Die Hälfte des Lebens ist Glück, die andere Disziplin – und die ist entscheidend: Denn ohne Disziplin kann man mit seinem Glück nichts anfangen. Carl Zuckmayer

Ganz anders liegt der Fall im Privatbereich. Persönliche Schulden, mit denen Sie zum Beispiel ein Auto oder ein teures Schmuckstück finanzieren wollen, bringen Ihnen keinen geldwerten Vorteil. Vielmehr führen sie zu erheblichen Belastungen – und zwar nicht allein finanzieller Art. Das geliehene Geld müssen Sie mit Zins und Zinseszins tilgen; darüber hinaus geraten Sie in eine seelische Stress-Situation. Sie führen ein Leben auf Pump, das macht Sie unfrei in Ihren Entscheidungen. Unkontrollierte Ausgaben bringen Sie unweigerlich in Abhängigkeit: von Ihrem Geldinstitut, bei dem Sie in der Kreide stehen. Von Ihrem Arbeitgeber, da Sie auf das regelmäßige Gehalt mehr denn je angewiesen sind. Von Ihrem Partner oder Freunden, die Ihnen Geld geliehen haben. Neuanschaffungen müssen ausfallen – es bleibt Ihnen nichts anderes übrig, als zu verzichten.
Und dann die Blamage, wenn der Geldautomat die Ausgabe mangels Kontodeckung verweigert oder man am Bankschalter – womöglich noch eine lange Menschenschlange hinter sich – nichts ausbezahlt bekommt. Genug gegruselt? Heutzutage scheint es zum guten Ton zu gehören, Konsumschulden zu haben. Eigentlich unverständlich und nicht nachvollziehbar.

Konsumschulden sind dumme Schulden –
und verursachen seelischen Stress

Sie brauchen Disziplin, um derartige konsumbedingte Schulden zu vermeiden. Lassen Sie deshalb Ihren Verstand über die Emotionen siegen. Sie wissen doch: Wer kein Geld hat, kann auch nichts ausgeben. Handeln Sie danach! Und wenn Sie finanzielle Hilfe benötigen, versuchen Sie immer zuerst, sich selbst zu helfen. Im Nachhinein werden Sie für diese Erfahrung dankbar sein.

Sie haben Schulden gemacht und wollen diese erfolgreich abbauen? Dann helfen Ihnen folgende Grundsatzregeln dabei, Ihr Konto in absehbarer Zeit wieder ins Plus zu bringen:

Wer kauft, was er nicht braucht, wird verkaufen müssen, was er nötig hat.
Japanisches Sprichwort

- Listen Sie sämtliche Ausgaben präzise auf.
- Stellen Sie ein festes Budget auf und halten Sie sich daran.
- Verzichten Sie so weit als möglich auf Kreditkarten und Online-Shopping mit langen Bezahlfristen und anscheinend (und oft nur scheinbar) günstigen Kreditangeboten („0-Prozent-Finanzierung") – das verführt nur zum sinnlosen Geldausgeben.
- Sprechen Sie offen und rechtzeitig mit allen Gläubigern und den Banken.
- Stellen Sie präzise Rückzahlungspläne auf und halten Sie sie mit aller Kraft ein.
- Sagen Sie nur 50 % der Rückzahlungen zu, die Sie garantiert aufbringen können.
- Verändern Sie Ihre Einstellung zu Geld – jeder Cent und jeder Rappen ist wichtig.
- Finden Sie alternative Einnahmequellen.
- Lieben Sie es, Geld zu behalten.
- Belohnen Sie sich nie im Voraus für etwas, das Sie erst noch leisten müssen.

Das alles erfordert viel Disziplin, aber es lohnt sich! Lassen Sie Ihren Verstand über die Emotionen siegen. Bauen Sie Schulden ab und Vermögen auf – es ist immer möglich!

5.3. Sparsam, aber nicht auf Sparflamme – die Kunst der Kostenplanung

Ohne Disziplin kein Gewinn: Jeden Euro kann man nur einmal ausgeben

Umsatz minus Kosten ergibt Ertrag respektive Gewinn. Auf den Gehaltsempfänger übertragen, lautet die Formel: Nettoeinkommen minus Ausgaben gleich Überschuss. Das ist gewiss nichts Neues. Doch warum fällt es so schwer, sich nach dieser einfachen Rechnung zu richten?
Vor allem junge Leute, die am Anfang des Berufslebens stehen, tappen häufig in die Ausgabenfalle. Sie meinen, sich sofort alles leisten zu können, denn am Monatsende gibt es wieder frisches Geld auf dem Konto. Dabei wird leider oft ein Problem übersehen: Die Ausgaben übersteigen rasch die Einnahmen. Erst ein wenig, dann immer mehr, schließlich ist der Ausgleich nicht mehr zu schaffen. Schnell steht das Konto mit einigen Tausend Euro im Soll und man muss bei der Bank um einen Kredit bitten. Die ersten Schulden sind gemacht.

Denkanstoß:
Das Einzige, was man ohne Geld machen kann, sind Schulden. Unsere Vernunft warnt uns vor unüberlegten Ausgaben, doch der Wunsch nach dem begehrten Besitz ist größer. So tappen wir in die Schuldenfalle.

Ursache für diese Entwicklung ist, dass wir unsere Wünsche nicht im Griff haben. Zwar warnt uns unser Verstand vor unüberlegten Anschaffungen, aber unsere Emotionen sind stärker. Wir wollen das, was wir begehren, auch haben. Und zwar umgehend. So werfen wir jegliche Vernunft über Bord und werden leichtsinnig – was wir hinterher oft bereuen. Doch dann ist es zu spät, den Kauf rückgängig zu machen.
Ein Tipp: Virtualisieren Sie die Finanzvorgänge in Ihrem Leben möglichst wenig – so haben Sie ein viel stärkeres Auge auf Ihre Ausgaben. Wir selbst überweisen unsere Kosten jeden Monat manuell, geben nie bis kaum Abbuchungsaufträge, um die Kosten bewusst und damit im Griff zu haben.
Die Höhe des Einkommens ist in diesem Zusammenhang völlig irrelevant. Undiszipliniertes Verhalten beim Geldausgeben führt immer dazu, dass letztlich nichts mehr übrig bleibt. Ganz gleich, ob wir viel oder wenig verdienen. Allerdings dreht sich die Ausgabenspirale mit

steigendem Einkommen deutlich schneller. Denn mit wachsendem Vermögen werden auch die Ansprüche höher, sehr viel wird als unabdingbar empfunden. Mal ehrlich: Würden Sie sich freiwillig einschränken, eine kleinere Wohnung nehmen oder ein bescheideneres Auto fahren, wenn Sie nicht unbedingt müssten? Eben nicht! Aber: Sie können trotzdem einiges dafür tun, um Ihre Finanzen in den Griff zu bekommen.

> Ein guter Sparer ist gleich einem guten Gewinner.
> Johann Geiler von Kaisersberg

Das können Sie sich sparen – auch wenn's schwerfällt

Wohlhabend werden wir nur, wenn wir weniger ausgeben, als wir haben und erwirtschaften und den Rest sparen oder investieren. Sparsamkeit ist das Rezept, das viele erfolgreiche Persönlichkeiten reich gemacht hat. Der namhafte Großinvestor Warren Buffet beispielsweise, aktuell (2016) laut Forbes rund 65,4 Milliarden US-Dollar schwer und einer der reichsten Männer der Welt, kam durch ständiges Sparen und Investieren zu seinem Vermögen. André Kostolany wiederum wurde reich und unabhängig durch Spekulationen an der Börse. Das Geld dafür hatte er sich zusammengespart.

> Je mehr Vergnügen du an deiner Arbeit hast, desto besser wird sie bezahlt.
> Mark Twain

Auch der bekannte Fondsmanager Sir John Templeton hatte im Alter von 20 Jahren zusammen mit seiner Frau ganz klein angefangen: Sie fassten damals den Entschluss, die Hälfte des Monatseinkommens zurückzulegen. Wie er später gestand, war ihm dies oft sehr schwergefallen. Denn in schlechten Zeiten reichte das übrig gebliebene Geld kaum zum Überleben. Trotz aller Widrigkeiten hat Templeton eisern durchgehalten und es zum Milliardär (und sogenannter Stammvater der Idee des Investmentfonds) gebracht.

Hierzulande gibt es ebenfalls Geldkarrieren, die auf dem Prinzip Sparen beruhen. Angefangen von Friedhelm Henkel bis zu den Brüdern Albrecht, die mit ihrer Discount-Kette Aldi zu den reichsten Unternehmern im Lebensmitteleinzelhandel aufgestiegen sind.

„Gut und schön", werden Sie jetzt vielleicht einwenden. „Diese Beispiele stehen für einige wenige Personen, die mit viel Glück zu einem Riesenvermögen gekommen sind. Aber ich brauche erst gar nicht mit dem Sparen anzufangen – die paar Euro machen mich auch nicht reicher."

Zugegeben: Sparen ist nicht einfach – und in den jetzigen Zeiten der niedrigen Verzinsung vielleicht auch „frustrierender" als früher. Zum einen bedeutet Sparen immer, dass man sich einschränken muss. Die meisten Menschen aber wollen heute das Leben in vollen Zügen genießen. „Morgen kommt nie" oder „YOLO" („You only live once") lautet

ihr Wahlspruch. Und so geben sie aus, was sie haben. Zum anderen ist es außerordentlich bequem, das Sparen in die Zukunft zu verschieben. Sparen kann ich immer noch, beruhigen sich viele und vertrauen darauf, später einmal mehr Geld zur Verfügung zu haben. Und dann gibt es noch jene, die Sparen für den größten Blödsinn halten. Das bringt doch nichts, so die Begründung. Wozu soll man sich also über Geld so viele Gedanken machen?
Genau das sollten Sie aber tun. Und möglichst gleich. Nun geht es in der nächsten Übung zunächst darum festzustellen, wofür Sie in den letzten sieben Tagen Geld ausgegeben haben.

Übung
Checken Sie Ihre wöchentlichen Ausgaben

Notieren Sie bitte einen Monat lang Ihre Ausgaben – die Rubriken können Sie sich selbst ausdenken oder einfach die aus der obigen Auflistung übernehmen – und schreiben sie als Zusammenfassung in die unten stehende Tabelle. Aus dieser kurzfristigen ersten Übersicht ergeben sich oft bereits verblüffende Einsparpotenziale.

Ausgabenrubrik	Summe in Euro	Einsparpotenzial ja / nein

Diese Übung können Sie als Arbeitsblatt von unserer Website www.buhr-team.com/de/logins herunterladen.

5.4. Der Charme des Mehr: Wie Sie bekommen, was Sie wert sind

Sie haben sich also nun einen klaren Überblick über Ihre Finanzlage verschafft. Wie ist Ihr Fazit? Brauchen Sie langfristig oder sofort höhere Einnahmen? Oder wollen Sie einfach mehr, damit Sie in größerem Stil leben können? Wie auch immer – Sie haben zwei Möglichkeiten: Bleiben Sie angestellt und arbeiten sich dort nach vorn. Oder machen Sie sich neben- oder hauptberuflich selbstständig.
Vorab eine grundsätzliche Bemerkung: In der Einleitung dieses Buches haben wir besprochen, dass die Balance aller Lebensbereiche Sie vorwärts bringt. Ihr Lebensrad soll rundlaufen. Wenn es aber darum geht, durchzustarten, weiter- und höherzukommen, machen Sie sich darauf

gefasst, dass Sie zeitweise in eine Disbalance geraten werden. Ja, Sie werden für eine kurze Zeit die Disbalance wählen müssen, um sich auf die Erreichung eines sehr großen Zieles im finanziellen Bereich zu fokussieren. Diese Phase sollte zeitlich begrenzt sein, aber sie ist notwendig. Denn dieser Schritt fordert planerische und entscheiderische Fähigkeiten, vor allem aber zusätzliche Kapazitäten. Damit das gut geht, sollten Sie dies vor allem im Privatbereich vorher abklären. Besprechen Sie mit Ihrem Partner, Ihrer Partnerin, Ihrer Familie, was Sie vorhaben, was es an menschlicher Geduld kosten wird und wie lange es dauern wird. Wägen Sie ab, wo Sie Zeit und Kraft einsparen können, um Ihrem Ziel näherzukommen. Denken Sie daran: Sie möchten etwas erreichen, und das wird Sie etwas kosten. Sie müssen immer einen Preis zahlen. Das Ergebnis sollte es wert sein.

Wohin geht die Reise? Fundiert entscheiden

In jedermann ist etwas Kostbares, das in keinem anderen ist.
Martin Buber

Sie haben sich entschieden: Sie wollen mehr, Sie wollen weiter. Jetzt gilt es zu überlegen, ob Sie in Ihrem Job oder in der Selbstständigkeit die besseren Chancen haben. Um das abwägen zu können, geben wir Ihnen eine klare Strategie an die Hand.

Sehen Sie sich zunächst Ihre Branche oder Ihren Job an. Fragen Sie sich: Kann ich hier nach vorn kommen, so weit wie ich will?

Vorhin haben Sie Ihre finanziellen Ziele betrachtet. Haben Sie Sicherheit als oberstes Ziel gewählt, dann bleiben Sie Arbeitnehmer (oder sind am besten schon früh Beamter geworden oder in den öffentlichen Dienst eingestiegen). Behalten Sie Ihre Ausgabenseite gut im Blick – sie sollte auf gleicher Höhe bleiben. Und stecken Sie Mehreinkommen in den Vermögensaufbau.

Steht für Sie finanzielle Unabhängigkeit ganz oben? Dann machen Sie sich klar: Arbeitnehmer werden nicht finanziell unabhängig. Logisch, sie sind ja auf das laufende Gehalt ihres Arbeitgebers angewiesen. Ausnahme sind außertariflich bezahlte und vermögende Angestellte. Als Vorstandsvorsitzender oder glücklicher Erbe gehen Sie einfach weiterhin mit Vergnügen und Können Ihren Aufgaben nach. Allen anderen sei gesagt: Unabhängigkeit erreichen Sie nur als Freiberufler, Selbstständiger oder Unternehmer.

Steht finanzielle Freiheit an erster Stelle? Dann wägen Sie ab, ob sich für Sie der Weg in die Selbstständigkeit lohnt.

Für alle drei Zielsetzungen geben wir Ihnen in den folgenden Abschnitten wertvolle Hinweise.

Erlauben Sie sich eine Gehaltserhöhung: Gute Arbeit verdient angemessenen Lohn

Eine Gehaltserhöhung bekommt man nicht – eine Gehaltserhöhung verdient man sich. Das klingt zunächst provokant. Es steckt jedoch eine ganze Menge Wahrheit darin.

Alles Gelingen hat sein Geheimnis, alles Misslingen seine Gründe.
Joachim Kaiser

Dazu müssen zwei Voraussetzungen erfüllt sein: Zunächst einmal müssen Sie sich selbst die innere Erlaubnis geben, überhaupt mehr Geld zu fordern. Sie sind es wert! Zum anderen sollte sich für Ihre Firma ebenfalls ein Mehrwert ergeben. Eine klassische Win-win-Situation also, von der beide Seiten profitieren. Am Beginn steht immer Ihre Mehrleistung. Aus diesem Plus an Einsatz und Bereitschaft leiten Sie Ihren Mehrwert für die Firma und damit die Berechtigung für eine Gehaltserhöhung ab.

Testen Sie, wie es um Ihren Mehrwert bestellt ist. Schreiben Sie alles auf, wodurch Sie Ihrem Unternehmen nützen können. Die nächste Übung hilft Ihnen dabei.

Übung
Stellen Sie fest, welchen Nutzen Sie für Ihr Unternehmen haben

Werden Sie sich Ihrer einzigartigen Fähigkeiten bewusst und schreiben Sie die zehn wichtigsten auf. Und zwar stets unter dem Gesichtspunkt: Was bringen diese Stärken meinem Unternehmen. Diese Analyse wird Ihnen bei der nächsten Gehaltsverhandlung oder im nächsten Vorstellungsgespräch überzeugende Argumente liefern!

Meine besonderen Fähigkeiten	Der Nutzen für mein Unternehmen

Diese Übung können Sie als Arbeitsblatt von unserer Website www.buhr-team.com/de/logins herunterladen.

Wie fühlen Sie sich jetzt? Nutzen Sie diese Liste, um ständig an Ihrem Selbstbewusstsein zu arbeiten! Es geht nicht darum, dass Sie „abheben". Sondern darum, dass Sie gute Gründe für ein sicheres Selbstbewusstsein haben – und sich dies immer wieder klarmachen! Es tut gut, wenn man sich über seine Fähigkeiten klar wird. Wenn man sich innerlich dessen versichert, was man kann, was man schafft, was man Besonderes leistet. Das schafft eine solide Basis für Ihr Selbstvertrauen. Jetzt können Sie mit Fug und Recht sagen: Ja, ich habe mir die Gehaltserhöhung verdient.

Erarbeiten Sie Ihr Alleinstellungsmerkmal!

Aber Sie können noch mehr unternehmen, um Ihre Leistungen unter Beweis zu stellen. Tun Sie stets mehr, als von Ihnen verlangt wird! Und schreiben Sie auf, welchen Vorteil Ihre Firma davon hat. Auf diese Weise gelingt es Ihnen, Ihre Fähigkeiten erfolgreich zu vermarkten. Ihr Chef wird aufmerksam auf Sie; man lobt Sie für Ihr Engagement. Dadurch, dass Ihre Leistung anerkannt wird, bekommt Ihr Selbstvertrauen einen weiteren Schub. Denn Sie können schaffen, was Sie sich vornehmen.

Denkanstoß:
Entfalten Sie bei der Arbeit Ihr volles Leistungspotenzial. Es wird sich für Sie bezahlt machen. In Geld – und auch in Zufriedenheit, denn Unterforderung stresst auch.

An dieser Stelle noch etwas Entscheidendes: Erarbeiten Sie Ihre „USP-Nuggets" (Unique Selling Proposition) – besondere Eigenschaften, die Sie von allen anderen unterscheiden, einmalig machen. Stellen Sie fest, was Sie besonders gut können, woran Sie am meisten Spaß haben und welche Fähigkeiten Ihrem Arbeitgeber den größten Nutzen bringen. Übrigens weist die neuere Leadership-Forschung (u. a. Zenger/Folkman/Scheelen: Extraordinary Leadership) aus, dass es am besten ist, wenn Sie nur ein paar Ihrer Kernkompetenzen, Ihrer besonderen Stärken zur Meisterschaft entwickeln. Wenn es Ihnen dann noch gelingt, in allen anderen Bereichen keine sogenannten „fatalen Fehler" zu machen, dann werden Sie bereits als überaus kompetent und hervorragend wahrgenommen! Wie gesagt: Sie müssen nicht in allen Bereichen besonders gut sein, es reicht die Meisterschaft in wenigen wichtigen Kompetenzen – und DAS genau ist Ihr Alleinstellungsmerkmal.
Hilfreich ist es auch, sich am Markt umzuschauen, um die eigenen Chancen auszuloten und ein realistisches Bild von den Verdienstmöglichkeiten zu erhalten. Setzen Sie sich eine Frist von hundert Ta-

gen, in denen Sie Ihren wichtigsten Vorzug herausarbeiten. Und: Notieren Sie alles, was Ihnen dazu einfällt. Damit haben Sie genügend Stoff, um sich gründlich auf Ihr Gehaltsgespräch vorzubereiten.

Noch ein Tipp für die Praxis: Spielen Sie zu Hause vor dem Spiegel oder mit Ihrem Partner das Szenario Ihrer Gehaltsverhandlung durch. Nach diesem praktischen Training gehen Sie gestärkt in das Gespräch und können erfolgreich verhandeln.

PS: Bedenken Sie: Das war sicher nicht Ihre letzte Gehaltserhöhung. Legen Sie sich die Vorbereitung und die Argumentationsstrategie auf Wiedervorlage. So planen Sie Ihren (finanziellen) Aufstieg.

Für Selbstständige und Freiberufler stellt sich die Situation ein wenig anders dar, weil sie zugleich Chef und Angestellter in ihrer Firma sind. Als Unternehmer befolgen Sie bitte diese Regeln: Zahlen Sie sich ein monatliches Gehalt in gleichbleibender Höhe und trennen Sie unbedingt Geschäftliches von Privatem. Behalten Sie diesen Kurs konsequent bei.

Gehaltsempfänger haben darüber hinaus noch eine weitere Alternative: Sie können das Unternehmen verlassen und woanders neu anfangen. Dies kann verschiedene Vorteile bringen. Zum Beispiel, dass Sie bei Ihrer neuen Anstellung das Geld bekommen, das Sie verdienen. Und es gibt noch eine andere Möglichkeit, Ihre Einkünfte zu erhöhen. Erschließen Sie sich eine zweite Einkommensquelle! Oder wechseln Sie in die Selbstständigkeit.

Ein lukrativer Nebenjob ..., der will gut vorbereitet sein

Die Gründung einer zweiberuflichen Existenz bedeutet für viele eine Chance, in kurzer Zeit zu einigem Vermögen zu gelangen. Beispielsweise in der Finanzdienstleistungsbranche, im Network-Marketing, Direktvertrieb oder auch im Bereich des Franchisings. Doch bevor Sie diesen Sprung wagen, sollten Sie im Vorfeld sämtliche Eventualitäten abklären. Dazu gehört unter anderem die Frage nach dem Produkt, das Sie künftig am Markt verkaufen werden. Ist der Artikel wettbewerbsfähig, sind Sie von seiner Qualität überzeugt, würden Sie die Ware selbst kaufen? Bedenken Sie, dass Sie Ihre künftigen Kunden nur dann für Ihr Angebot begeistern können, wenn Sie selbst hundertprozentig dahinterstehen.

Denkanstoß:
Brechen Sie mutig auf zu neuen Ufern – aber nie ohne zu prüfen, was Sie dort erwartet.

Besonders gründlich sollten Sie auch die Partner prüfen, mit denen Sie es in Zukunft zu tun haben werden. Holen Sie eine Bankauskunft ein und informieren Sie sich umfassend über das betreffende Unternehmen. Gründungsjahr, Umsatzzahlen und Ertrag, Marktstellung, Kompetenz und Marketing sind wesentliche Messgrößen für die Seriosität einer Firma. Besonderes Augenmerk verdienen selbstverständlich auch die Menschen in diesem Unternehmen. Wer sind die Entscheidungsträger, mit wem genau werden Sie zusammenarbeiten, wie hoch oder gering ist die Mitarbeiterfluktuation? Schauen Sie genau hin, um rechtzeitig eventuelle Schwachstellen aufzudecken. Prüfen Sie, ob das Unternehmen Ihr Vertrauen verdient, ob die Mitarbeiter ihr Wort halten und zuverlässig sind. Dies erspart Ihnen spätere Enttäuschungen, die überaus teuer werden können.

In der folgenden Liste haben wir noch einmal die wichtigsten Punkte, die Sie vor dem Start in die eigene Existenz berücksichtigen sollten, in einer übersichtlichen Checkliste zusammengestellt:

- Welches Produkt wird verkauft?
- Sind Sie von dem Produkt überzeugt?
- Würden Sie es selber kaufen?
- Was für ein Partnervertrag wird angeboten?
- Mit wem?
- Welche Substanz, welches Unternehmen steht dahinter?
- Wer ist konkret der Vertragspartner?
- Was beinhaltet der Marketingplan?
- Wie sieht der Karriereplan aus?
- Und vor allem: Wer sind die handelnden Personen?
- Mit wem werden Sie gemeinsam arbeiten?
- Was können Sie über diese handelnden Personen im Internet recherchieren – haben Sie mit Hartnäckigkeit alle Fakten und Bewertungen recherchiert, die Sie erhalten können?
- Wie lange sind diese Personen bereits im Unternehmen?
- Können Sie ihnen vertrauen?
- Halten sie Wort?
- Wie zuverlässig sind sie?

> Wer sein Geld klug verdient, sollte es nicht unklug ausgeben.
> Verfasser unbekannt

Im Übrigen gilt auch hier, dass Ihre Einstellung entscheidet. Es liegt an Ihnen, ob Sie bei dieser Variante eher die Schwierigkeiten und Erschwernisse sehen, die die Doppelbelastung in jedem Fall mit sich bringt – oder die Möglichkeiten, die sich daraus ergeben. Vergleichen Sie es mit dem Vollmond, der ganz unschuldig in lauer Sommernacht vor sich hin scheint und von dem Liebespaar als romantische Steigerung seiner ohnehin gefühlvollen Stimmung erlebt wird. Während der Einbrecher in ihm den ärgerlichen Störenfried sieht. Wie man es auch betrachtet: Der Mond bleibt immer der Mond. Es hängt also auch bei Ihrem Entschluss zur Selbstständigkeit davon ab, was Sie selbst daraus machen.

Hat Ihr künftiger Geschäftspartner alle Tests gut überstanden, kommt der nächste Meilenstein auf dem Weg zu Ihrer Nebentätigkeit: der Vertrag. Unterschreiben Sie nichts auf die Schnelle. Legen Sie das Papier einem Fachmann zur Überprüfung vor – ein auf Vertragsrecht spezialisierter Anwalt wird Ihnen sicherlich sagen können, ob der Vertrag in Ordnung ist oder nicht. Diese Zeit sollten Sie sich auf jeden Fall nehmen.

In etlichen Fällen ist aus dem zweiberuflichen Standbein eine hauptberufliche Karriere geworden, die den betreffenden Personen Erfolg und Wohlstand beschert hat. Warum also sollten Sie bei Ihrem geplanten Nebenerwerb nicht auch solch eine Karriere machen, sich selbst verwirklichen können? Es hängt oft nur von Ihnen selbst ab.

Unternehmen Sie was: Selbstständigkeit und Unternehmertum

Haben Sie sich dazu entschlossen, Unternehmer zu werden? Wissen Sie schon, in welcher Branche und mit welchem Zuschnitt? Grundsätzlich gibt es vier Formen von Selbstständigkeit:

- mit eigener Geschäftsidee in eigenen Geschäftsräumen (die klassische Form der Selbstständigkeit mit einer Firma im eigenen Gebäude)
- mit eigener Geschäftsidee in fremden Räumen (selbstständig oder Gründer in Mieträumen)
- mit fremder Geschäftsidee in eigenen Räumen (z. B. Franchising/ MLM etc.)
- mit fremder Geschäftsidee in fremden Geschäftsräumen (z. B. Franchising etc.).

Damit Sie für sich abschätzen können, welches Modell Ihnen eher liegt, hier ein paar weitergehende Informationen dazu:

- Die erste Möglichkeit erfordert großes Know-how im unternehmerischen Bereich. Sie ist kostenintensiv, vor allem in der nicht abgesicherten Anfangszeit, bevor sich der wirtschaftliche Erfolg einstellt. Die nötigen Investitionen binden Kapital. Das Risiko ist am höchsten, der mögliche Gewinn sicher auch. Sind Sie sich Ihrer Sache sehr sicher? Dann wählen Sie diese Variante.

- Die zweite Strategie ist vor allem für Existenzgründer mit wenigen oder gar keinen Angestellten sinnvoll. Mieten Sie sich in einem Businesscenter ein. Nutzen Sie dort die vorhandene Infrastruktur. Und sparen Sie das Geld für andere notwendige Investitionen.
- Mit der dritten Möglichkeit kaufen Sie sich Know-how und Marktanalysen ein, Sie profitieren von einem eingeführten Namen. Vorausgesetzt, Sie haben Ihre Hausaufgaben gemacht (siehe oben unter: Ein lukrativer Nebenjob..., der will gut überlegt sein), sind Sie hier auf der sicheren Seite.
- Die vierte Variante – z. B. Network Marketing, strukturierter Vertrieb, Multilevel Marketing – bietet die beste Übersicht, bevor Sie einsteigen. Hier haben Sie die geringsten Kosten zu stemmen. Bringen Sie sich selbst mit, Ihre Kenntnisse, Fähigkeiten und Ihre Motivation.

Sie haben sich für eine Branche und eine der vier Möglichkeiten entschieden? Dann setzen Sie sich eine Erprobungszeit. Und überprüfen Sie dann, ob Sie das erreicht haben, was Sie wollten. Dann erst fällen Sie die endgültige Entscheidung. Entweder Sie wechseln dauerhaft in Ihre neue Berufssituation. Oder Sie steigen aus dem Ausstieg aus und bleiben Arbeitnehmer.

5.5. Erwerben und behalten: Geld für jetzt und später

Das betrifft Sie auf jeden Fall, egal wie Ihre Einstellung zu Geld aussieht: Auch der schönste berufliche Höhenflug endet einmal. Dann wollen oder müssen Sie sich zur Ruhe setzen. Und nun: Wie sieht es mit Ihrer Altersvorsorge aus? Früher oder später, einmal hören Sie auf, aktives Einkommen zu erwirtschaften. Dann müssen andere Geldquellen zu sprudeln beginnen. Und dafür schaffen Sie jetzt die Grundlagen.

Woher nehmen und nicht stehlen?

Es gibt unterschiedliche (legale) Möglichkeiten, wie Sie Ihr Geld vermehren können. Der herkömmliche Weg ist, durch die eigene Arbeitskraft zu einem gewissen Wohlstand zu kommen. Dabei geht es in erster Linie darum, mit eigener Hände Arbeit Geld zu verdienen, die eigene

Arbeitskraft zu erhalten und das Leistungsvermögen ständig auszubauen. In Zeiten des allverfügbaren Internets ergeben sich auch neue Möglichkeiten, mit skalierbaren Produkten, schlauen Ideen, gut aufgebauten Shopsystemen, internationalen Netzwerken und gegebenenfalls Finanzierung durch viele Teilnehmer – z. B. über Crowdfunding – rasch oder wenigstens beständig zusätzlich Einkommen zu schaffen.

Sie können aber auch zusätzliche Werte schaffen – durch Sparen oder aber die Investition in Sachwerte.

Denkanstoß:
Geld lässt sich auf unterschiedliche Weise vermehren. Entweder mit der eigenen Arbeitskraft oder durch die Investition in Anlagewerte oder die Anschaffung von Sachwerten.

Vorher werfen wir noch einen Blick auf unsere Mitbürger. Unabhängig von der wirtschaftlichen Situation werden in der Zeit nach dem Zweiten Weltkrieg bis heute durchschnittlich 10 % des verfügbaren Einkommens gespart, so die Statista-Statistik „Sparen der privaten Haushalte in Deutschland". 2014 waren es 9,4 %. Einschließlich privater Organisationen ohne Erwerbszweck belief sich die Sparsumme der Privathaushalte 2014 damit auf 166,18 Milliarden Euro, hält Statista fest.

40 % des Geldvermögens lagen klassisch bei Banken und Sparkassen als Sicht-, Termin- und Spareinlagen sowie als Sparbriefe. 36,8 % wurden in Versicherungen angelegt und 9,5 % in Investment-Zertifikaten. Die Investition in Aktien lag bei 6 %, in Rentenwerte wurden 3,8 % investiert und 3,9 % in sonstige Anteilrechte, so die Statista-Umfrage „Verteilung des Geldvermögens in Deutschland".

Die erste Generation schafft Vermögen, die zweite verwaltet Vermögen, die dritte studiert Kunstgeschichte und die vierte verkommt.
Otto von Bismarck

Schwindende Werte: Leben mit der Inflation

Viele Menschen vertrauen also noch der Geldanlage. Dabei gibt es leider einen Wermutstropfen, der die Freude an den Erträgen, die wir aus konsequentem Sparen und intelligenten Geldanlagen gewonnen haben, ziemlich beeinträchtigt: die schleichende Geldentwertung. Untersuchungen haben ergeben, dass sich die Preise in einem Zeitraum von 30 Jahren jeweils durchschnittlich um den Faktor vier erhöhten. Diese inflationäre Entwicklung schmälert die Erträge aus langfristigen Sparanlagen erheblich.

Sparen oder Anlegen? Geld oder Sache?

Trotzdem ist es ein bewährter Tipp, den berühmten Zehnten zu sparen. Richten Sie ein Konto ein, auf das Sie per Dauerauftrag 10 Prozent Ihres Nettoeinkommens überweisen. Früher war das Ihr sogenanntes „Sparguthaben". Heute würde dies Geld auf Dauer nur auf Ihrem Konto „verfaulen". Warum dann der Tipp? Zum einen aus psychologischer Sicht: Diese Selbstdisziplinierung trägt ihren Wert in sich. Zum zweiten ist es Ihr Sicherheitspolster vor „dummen Konsumschulden". Und zum dritten haben Sie damit in kurzer Zeit etwas „Spielgeld" für unternehmerische Anlagen wie Unternehmensanteile, also Aktien, oder spannende Entwicklungsprojekte, an denen Sie sich beteiligen können – oder auch für soziale Zwecke. Denn Geld mögen heißt auch, es fließen zu lassen – was man aus Liebe und freiem Herzen gibt, fließt irgendwie auch zu einem zurück, und sei es nur in Form von einem guten Gefühl.
Und letztlich liegt uns das Sparen im Blut. Kein Wunder: Bereits als Kinder wurden wir dazu angehalten zu sparen. Später belohnte uns die Bank mit Zinsen, die Versicherungen mit der Bausparsumme oder der Auszahlung der Lebensversicherung. Sparen, Geld anlegen war immer selbstverständlich. Über den Satz „Sachwert schlägt Geldwert" denkt man angesichts der steigenden Zahlen auf dem Konto da oft nicht nach – schließlich muss ja weiter investiert werden, um den Gewinn weiter zu optimieren – oder nicht? Ganz so einfach ist es nicht. Belegt doch die Historie, dass viele große Vermögen nicht durch Sparen, sondern durch die Anlage in Sachwerte aufgebaut und gesichert wurden.
Um die Vorteile von Sachwerten zu verstehen, schauen wir uns einmal genauer an, welche Anlagemöglichkeiten wir haben. Grundsätzlich wird zwischen monetären und nicht-monetären Vermögensanlagen/ -klassen unterschieden. Zu den nichtmonetären Vermögensanlagen gehören Sachwerte, auch Substanzwerte genannt. Dabei muss der Sachwert keine Immobilie sein – auch die Investition in Rohstoffe, Antiquitäten, Kunstobjekte oder auch Aktien bzw. Aktienfonds gehört dazu. Eben alles, was einen Anspruch auf einen realen Wert verkörpert. Ihnen liegt eine gütermäßige Basis zugrunde. Ein Beispiel? Gerne: 1 Kilo Gold war 1870 ein Kilo Gold und ist heute ein Kilo Gold. Alles was schwankt, ist der Preis, nicht die Masse.

Geldanlagen, oder auch Nominalwerte, verbriefen hingegen einen Anspruch auf eine bestimmte Geldsumme. Dafür steht der Euro-Schein ebenso wie Rentenfonds, Schuldverschreibungen, Festgelder und Tagesgeld, öffentliche (mündelsichere) Anleihen, festverzinsliche Wertpapiere, Bausparverträge, deutsche Kapitallebensversicherungen

sowie private deutsche Rentenversicherungen. Für uns alle sind dies werthaltige Papiere – das haben wir während unseres Lebens gelernt. Tatsächlich ist es aber zunächst nur einmal bunt bedrucktes Papier, das für einen Wert steht. Dabei ist der Wert des Papiers Schwankungen ausgesetzt.
Kurz: Geld als bunt bedruckte Zettel sind nur Schuldscheine und in erster Linie nur Zahlungsmittel. Geldscheine sind keine Wertaufbewahrungsmittel, geschweige denn eine wirklich werthaltige Vermögensanlage, Geldanlagen sind damit nicht unbedingt werthaltig oder sicher. Daran ändern auch die staatlichen Garantien nichts. Und: Garantien gehen immer zulasten der Rendite.

Denkanstoß:
Produkte und Dienstleistungen werden immer teurer. Um im Alter Ihren Lebensstandard halten zu können, brauchen Sie also mehr Geld als heute.

Auch Rentenversicherungen sollten kritisch betrachtet werden: Der Riester und der Rürup sind leider nicht der Rolls und der Royce der Altersvorsorge. Dass leider auch die gesetzliche Rente nicht viel bringen wird, ist ja nun ein offenes Geheimnis. Diesbezüglich gibt es eine offizielle Prognose für 2030, nach der die nominale Rentenhöhe knapp über dem (heutigen) Sozialhilfeniveau liegen wird (www.managermagazin.de/finanzen/geldanlage/a-305268.html, dok. Sep. 2016), und dies ohne Berücksichtigung der Kaufkraftverluste. Mit anderen Worten: Renten in Höhe der Grundsicherung also werden für viele Menschen in einem der reichsten Länder der Erde normal werden.
Was also tun? Zum jetzigen Zeitpunkt können wir nur sagen – und wir wollen und dürfen hier keine Anlagetipps geben – informieren Sie sich bei möglichst neutralen Stellen, die sich Ihr Wohl als Kunde auf die Fahne geschrieben haben. Beispielsweise fassen die Verbraucherzentralen immer wieder aktuelle Tipps aus Anlegersicht zusammen (www.verbraucherzentrale.de/set8/link1171098A.html, dok. Sep. 2016).
Unser Tipp: Hören Sie auf, Ihr Geld BEI der Bank anzulegen. Natürlich sind Banken und Versicherungen die wichtigsten Anbieter von Geldanlagemöglichkeiten, stark beaufsichtigt, am meisten reguliert und Anlagen sind bis zu einer gewissen Höhe gesichert. Aber auf der anderen Seite erwirtschaften Banken und Versicherungen mit dem Auflegen und Vermitteln von Anlageprodukten, dem Depot- und dem Investmentgeschäft einen nicht unerheblichen Teil ihres Profites und sind natürlich auch auf ihren eigenen Vorteil bedacht, nicht nur den

der Kunden. Und dass in Zeiten von Niedrigzins das Herumliegen des Geldes auf dem Konto nichts mehr bringt – bis womöglich noch (mehr) Strafzinsen in nächster Zeit –, ist evident, das meint nicht nur die Presse.

Also legen Sie Ihr Geld lieber an WIE die Bank! Investieren Sie in Sachwerte wie Immobilien, Rohstoffe oder Edelmetalle, in unternehmerische Beteiligungen an Firmen – und profitieren Sie von Wertsteigerungen. Unser persönlicher Tipp: Wenn Sie im Rahmen Ihrer Risikostreuung noch etwas Spielgeld übrig haben, denken Sie über den Direktkauf von einigen Aktien, Blue Chips nach, die sich über viele Jahre bewährt haben. Oder über das begrenzte(!) Investment in eine neue, schnell viral gehende (Internet-)Geschäftsidee, wie Sie sie auf vielen Crowd-Finance-Plattformen finden. Da vor allem gilt: Investieren Sie nur in Geschäftsbereiche, Ideen, Märkte, von denen Sie was verstehen! Oder bei denen ganz evident ist, dass die Produkte oder Leistungen grundlegende Wünsche der Menschen befriedigen, viral gehen und skalierbar produziert werden können.
Ja, selbstverständlich bringt auch dies Risiken mit sich – und selbstverständlich werden Sie sich viel intensiver um Ihre Finanzen und Anlagen kümmern müssen. Aber Wert zu schaffen, muss Ihnen eben auch etwas wert sein!

Fazit:
• Arbeiten Sie an Ihrem Geldgespür und Ihrer „Freundschaft" zu Geld.
• Verschaffen Sie sich einen Überblick über Ihre finanzielle Situation.
• Vermeiden Sie konsumbedingte Schulden und ein Leben auf Pump.
• Verdienen Sie sich eine Gehaltserhöhung durch mehr Leistung.
• Erschließen Sie sich neue und zusätzliche Einkommensquellen.
• Prüfen Sie die Möglichkeiten (zusätzlicher) selbstständiger Arbeit oder skalierbarer Internet-Produkte und -Angebote, denn hier ist der Hebel, bedeutend mehr Geld zu verdienen!
• Setzen Sie sich klare Geldziele wie „die Million ist zu schaffen". Fangen Sie an einzusparen und anzusparen – und suchen Sie sich vor allem einen Hebel für ihr Einkommen oder Ihre Anlagen.
• Sorgen Sie vor für ein finanziell sorgenfreies Alter. Jetzt!

Reflexion
Jetzt sind Sie dran: Denken Sie weiter

Gold gibt es
überall. Die
meisten Men-
schen haben nur
nicht gelernt, es
zu sehen.
Verfasser
unbekannt, aus
Peru

Haben Sie wirklich ein „Liebes-Verhältnis" zu Geld?
Sind Sie sicher, wie sich Ihr Leben finanziell gestalten soll? Streben Sie nach finanzieller Sicherheit, nach finanzieller Freiheit oder finanzieller Unabhängigkeit?

Welchen Weg dahin werden Sie nutzen? Wie sieht Ihr Anlageportfolio zurzeit aus?

Wer kann Sie auf Ihrem finanziellen Weg unterstützen? Wer kann Sie beraten?
Wer hat schon bewiesen, dass er es kann, und wäre wohl bereit, sein Wissen mit Ihnen zu teilen?

Fühlen Sie einen Unternehmer oder eine Unternehmerin in sich? Fühlen Sie, dass Sie mehr bewegen, mehr erreichen wollen – und dass Sie das damit verbundene Risiko in Kauf nehmen wollen? Und auch in Kauf nehmen können – weil Sie z. B. Ihre Familie schon abgesichert haben?

Erarbeiten Sie den Finanzplan für das „Unternehmen mein Leben". Vorlagen dafür finden Sie überall im Internet – Sie können aber auch einfach von der gewünschten Stufe Ihrer finanziellen Sicherheit, Freiheit oder Unabhängigkeit ausgehen und von dort die erforderlichen Summen berechnen und einen klaren, weitblickenden Finanzplan ableiten.

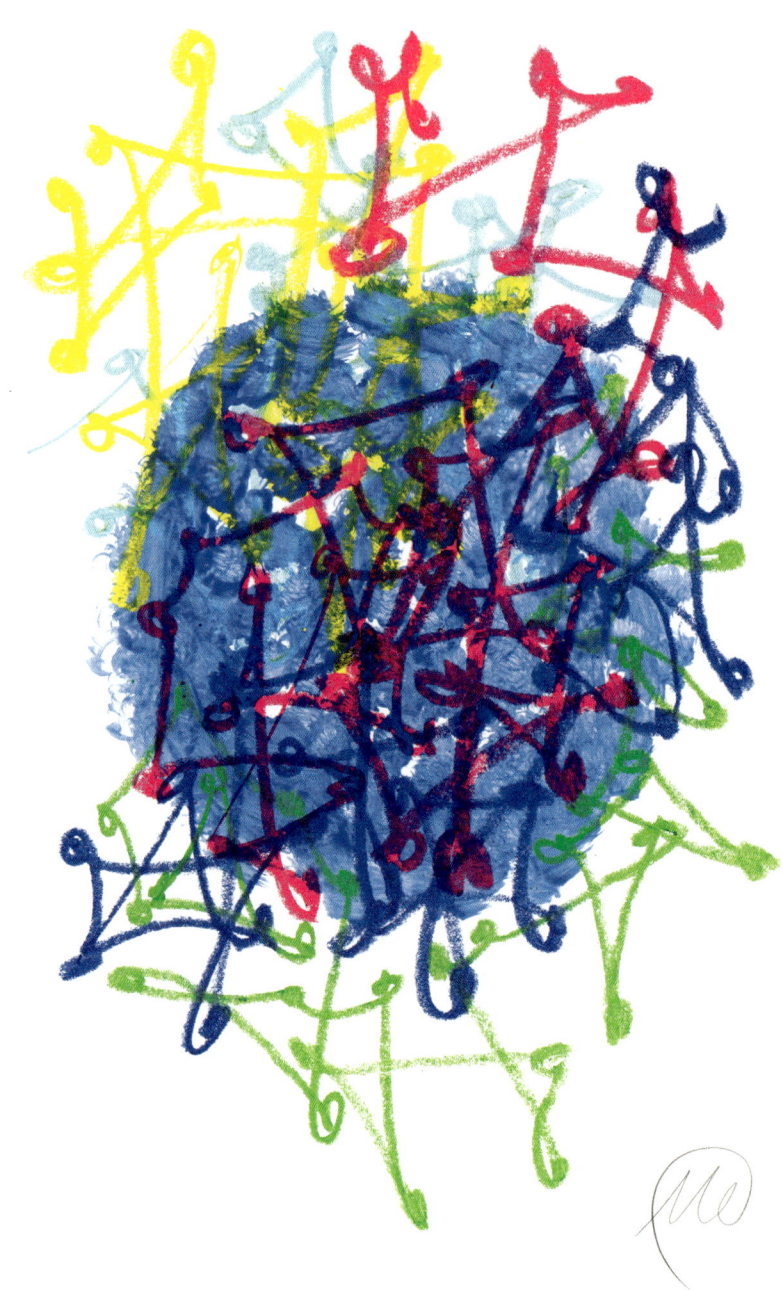

6. Von Mensch zu Mensch: In jeder Beziehung offen und ehrlich

In diesem Kapitel erfahren Sie, wie Sie mit ehrlichen und tiefen Beziehungen zu Menschen Ihr Berufs- und Privatleben bereichern. Sie reflektieren, welche Rolle Sie selbst in Beziehungen spielen und wie Sie mit Hilfe und der Zusammenarbeit anderer Ihre eigenen und die gemeinsamen Ziele erreichen können. Sie lernen, wie Sie Beziehungen aktiv gestalten, auch wenn unterschiedliche Standpunkte vertreten werden: Wie Sie Auseinandersetzungen oder Verhandlungen meistern, erarbeiten Sie hier.

Eine wichtige Speiche in Ihrem Lebensrad fehlt noch: die Beziehung zu Ihren Mitmenschen. Ohne zwischenmenschlichen Kontakt und die Zuwendung anderer würden wir auf Dauer innerlich verarmen. Bereits von klein auf ist der Mensch auf Zuneigung angewiesen und entwickelt die eigene Persönlichkeit durch Nachahmen anderer und durch die Abgrenzung von ihnen.

In der heutigen Zeit halten viele stabile Beziehungen nicht mehr für nötig. Sie grenzen sich möglichst schnell vom Elternhaus ab, mögen sich nicht auf einen Partner festlegen, sondern leben das Konzept der „seriellen Monogamie" mit häufig wechselnden „Lebensabschnittspartnern", legen wenig Wert auf den guten Zusammenhalt mit Kollegen oder Mitarbeitern. Doch selbst dann ist es so: Sie stecken in einem Geflecht an Beziehungen mit anderen Menschen. Und wie erfüllend, stärkend und unterstützend diese ausgestaltet sind, das haben Sie selbst in der Hand. Das wissen diejenigen, die bewusst und aktiv positive Beziehungen leben. Die in einer guten Partnerschaft leben, Kinder haben. Die mit Freundschaften ihr Leben in Balance halten. Die gute Geschäfte mit anderen Menschen machen, weil sie auch Kundenbeziehungen gut ausgestalten. Kurz: Jeder ist von Menschen umgeben, mit denen er mindestens zeitweise in eine Beziehung tritt. Machen Sie daraus eine stabile Speiche für Ihr Lebensrad!

Machen Sie sich bewusst, wie stark Ihr Leben von anderen beeinflusst wird, wie Sie Ihre Spuren in den Lebensläufen der anderen hinterlassen. Möchten Sie ohne all das sein? Sicher nicht. Also schauen wir uns an, wie Sie bewusst Ihre Kontakte und Beziehungen auf- und ausbauen können.

„Es ist mit der Liebe wie mit den Pflanzen: Wer Liebe ernten will, muss Liebe säen."
Jeremias Gotthelf

6.1. Beziehungen halten Sie im Gleichgewicht – balancieren Sie gekonnt

Nutzen Sie die Unterstützung anderer – und Vorsicht vor Energie-Vampiren

Wir sind nicht nur auf emotionaler Ebene auf den Kontakt zu anderen Menschen angewiesen. Auch bei der Arbeit brauchen wir die Hilfe unserer Mitmenschen. Zwar verfügen wir über eine Vielfalt von Begabungen, doch ist meist jede nur eher durchschnittlich ausgeprägt: Nur wenige können sogenannte Kernkompetenzen sein. Kernkompetenzen bezeichnen Fähigkeiten oder Fertigkeiten, die wir in höchster Meisterschaft beherrschen, und die uns zum Spezialisten auf bestimmten Gebieten machen. Höchstleistungen können wir in der Regel nur auf einem Spezialgebiet erbringen. Je mehr wir zu Generalisten werden, desto weniger können wir Spezialisten sein. Um Höchstleistungen auch in der Breite zu erbringen, benötigen wir daher professionelle Unterstützung, die wir uns von anderen Spezialisten holen. Zusammengefasst: Wir brauchen Beziehungen wie das tägliche Brot – für unsere Seele und für unseren Erfolg.

Denkanstoß:
Da wir keine Alleskönner sind, müssen wir uns mit anderen zusammentun, um Spitzenleistungen zu vollbringen.

Vamperizer meiden, Energizer werden

Doch Vorsicht: Nicht jede Art von Beziehung wird Ihnen nützlich sein. Achten Sie darauf, dass Sie an keinen Energie-Vampir geraten. Solch ein Mensch versteht es hervorragend, Ihnen regelrecht alle Lebenskraft auszusaugen. Schon während eines Gesprächs spüren Sie, wie Sie immer schwächer werden. Am Ende sind Sie so erschöpft, dass Sie erst einmal eine Pause benötigen. Sie sind einem Vamperizer zum Opfer gefallen. In dieser Situation wäre es vorteilhaft, einen Energizer in der Nähe zu haben, der Ihnen neue Kraft gibt und positive Gedanken vermittelt. Klopfen Sie Ihre Beziehungen daraufhin ab und versuchen Sie, selbst ein Energizer, ein Energie-Spender, zu werden. Wie? Dazu erhalten Sie in diesem Kapitel viele Anregungen und Tipps.

Es gibt jede Menge Beziehungen – doch im Grunde funktionieren alle gleich

Ist das Thema „Beziehungen" für Sie ein heißes Eisen? Dann liegt es vermutlich daran, dass Sie meinen, jede dieser Beziehungen individuell gestalten zu müssen und sich davon überfordert fühlen. Müssen Sie nicht! Denn ganz gleich, ob es um eine Beziehung zu Ihrer Partnerin, Ihrem Partner, einem Kunden, Ihrem Vorgesetzen oder guten Freunden geht – alle Beziehungen funktionieren nach ähnlichen Gesetzmäßigkeiten. Vorausgesetzt, sie werden nach diesen Grundregeln gestaltet:

- Lieben Sie sich selbst. Nur wenn Sie sich annehmen, wie Sie sind, können auch andere Sie so annehmen. Und nur so lernen Sie wiederum, den anderen auch genauso anzunehmen, wie er ist.
- Sehen Sie jeden Beziehungspartner als Ihnen gleichwertig an.
- Bringen Sie Ihren Mitmenschen unvoreingenommen Wertschätzung entgegen.
- Sehen Sie die Welt mit den Augen des anderen.
- Hören Sie Ihrem Gegenüber mehr zu und nehmen Sie sich selbst beim Sprechen zurück.
- Halten Sie Ihre Beziehungswaage im Gleichgewicht.
- Geben Sie, bevor Sie nehmen.
- Denken Sie langfristig.
- Werden Sie für Ihren Beziehungspartner interessant.
- Seien Sie ein Energiespender für die Menschen.

> „Guten Menschen Gesellschaft zu leisten, ist die beste Methode, selbst ein guter Mensch zu werden."
> Miguel de Cervantes

Jetzt sind Sie erst einmal am Zug. Eine aktuelle Bestandsaufnahme Ihrer Beziehungen wird Ihnen interessante Einsichten vermitteln.

Übung
Bestandsaufnahme Ihrer Beziehungen

Bitte beantworten Sie die folgenden Fragen und machen Sie sich damit die Qualität Ihrer Beziehungen bewusst.

Mit welchen Menschen verbringe ich die meiste Zeit meines Tages?

Welche dieser Beziehungen sind für mich Energiespender?

In welchen Beziehungen bin ich Energiespender?

Was ist in den Energiespenderbeziehungen anders?

Welche Beziehungen möchte ich verändern / beenden?

Welche Beziehungen möchte ich neu aufbauen?

Diese Übung können Sie als Arbeitsblatt von unserer Website www.go-akademie.com herunterladen.

6.2. Beginnen Sie bei sich – ohne Sie geht es nicht

Ich will so bleiben, wie ich bin - sagen Sie Ja zu sich selbst

„Wir verbringen einen großen Teil des Lebens damit, die Achtung anderer zu erwerben. Aber Selbstachtung zu gewinnen, darauf verwenden wir wenig Zeit."
Josef von Sternberg

Sie werden bei Ihrer Übung eine eigentlich gar nicht so überraschende Feststellung gemacht haben: Der Mensch, mit dem Sie die meiste Zeit des Tages verbringen, sind Sie selbst. Auf unser Thema bezogen heißt das: Bevor Sie daran denken, mit anderen eine Verbindung aufzubauen, müssen Sie Ihre Beziehung zu sich selbst in Ordnung bringen. Dies gelingt aber nur, wenn Sie bereit sind, sich als Person so zu akzeptieren, wie Sie sind. Sie müssen sich selber lieben und aus Ihrem eigenen Selbstbewusstsein Energie schöpfen.

Dies erstreckt sich auf alles, was Sie tun. Ohne festen Glauben an sich selbst kann keine Führungskraft Mitarbeiter motivieren. Ebenso wenig wird ein Verkäufer das Vertrauen des Kunden gewinnen, wenn er nicht an die eigenen Fähigkeiten und seine Produkte glaubt. Erst recht wird eine Liebesbeziehung scheitern, wenn einer der Partner nicht in der Lage ist, sich selbst zu lieben.

Die Liebe zum eigenen Ich, von der hier die Rede ist, hat nichts mit Selbstverliebtheit zu tun. Es geht vielmehr um die grundsätzliche Einstellung zur eigenen Person, um das eindeutige Ja zu uns selbst.

Bei der folgenden Übung haben Sie Gelegenheit herauszufinden, zu welchen Ihrer Eigenschaften Sie schon Ja sagen können.

Übung
Bestandsaufnahme Ihrer positiven Seiten

Bitte schreiben Sie alle Eigenschaften, Verhaltensweisen oder Be-
standteile Ihrer Persönlichkeit, alles, was Sie an sich mögen und zu
dem Sie ja sagen, auf ein Blatt Papier. Wenn das nicht reicht, nehmen Sie ein zweites. Indem Sie dies regelmäßig tun, gewinnen Sie
an Selbstvertrauen, auch in schwierigen Phasen.

Meine positiven Eigenschaften:

Diese Übung können Sie als Arbeitsblatt von unserer Website
www.buhr-team.com/de/logins herunterladen.

Das große Aber: Niemand ist perfekt

Uneingeschränkt ja zu sich selbst zu sagen, kann ziemlich schwer
fallen. Das werden Sie bei dieser Übung gemerkt haben. Vermutlich
ging es Ihnen so wie vielen Menschen, die beispielsweise von sich behaupten: „Ja, ich bin eine gute Führungskraft. ABER – leider bin ich so
schrecklich ungeduldig." „Ich sehe ja ganz gut aus, ABER die Pickel in
meinem Gesicht sind schrecklich." Jeder von uns hat seine persönlichen
Schwächen. Angefangen bei den Pfunden, von denen man zuviel auf
die Waage bringt, über die unkontrollierten Temperamentsausbrüche
bis hin zur Unsicherheit bei der Wahl der passenden Garderobe.
Jedes Aber ist eigentlich ein deutliches Nein. Ein Nein zu sich selbst,
wenn auch nur in einem Teilbereich. Sie wollen daran arbeiten? Dann
zeigen wir Ihnen im Folgenden, wie das geht.
Sie wollen mehr über Ihre ABERs erfahren? Die nächste Übung macht
Sie schlauer.

Übung
Und jetzt die andere Seite

Schreiben Sie jetzt bitte alle ABERs auf ein Blatt Papier. Alles, was
Sie an sich selbst stört. Alles, was Sie daran hindert, bedingungslos
JA zu sich zu sagen. Wenn die ABERs „auf dem Tisch liegen", können
Sie diese auch bearbeiten.

Meine ABERs:

Diese Übung können Sie als Arbeitsblatt von unserer Website
www.buhr-team.com/de/logins herunterladen.

Jetzt sehen Sie sich selbst schon etwas klarer. Aber das bringt Sie
noch nicht viel weiter. Denn einfach zu sagen: „Fantastisch, dass ich so
ungeduldig bin", kann sicher nicht die Lösung sein. Wir müssen die Sache also anders angehen. Die Ungeduld der Führungskraft steht dabei
als Beispiel für alle anderen ABERs dieser Welt. Setzen Sie Ihr eigenes
ABER ein, das Sie bearbeiten möchten.

Was Energie bekommt, wächst

Ganz falsch wäre es, wenn Sie Ihre kleinen Fehler nun mit allen Mitteln
bekämpften. Dann würde wie in der Physik folgendes passieren: Nach
dem Prinzip „Druck erzeugt Gegendruck" bekämen die ungeliebten
Verhaltensweisen Aufwind und würden stärker statt schwächer. Was
viel Aufmerksamkeit = Energie von Ihnen bekommt, wird wachsen. Je
mehr Sie sich beispielsweise auf Ihre Ungeduld konzentrieren, desto
ungeduldiger werden Sie. Und schließlich sind Sie von vornherein
schon nervös, weil Sie Angst haben, wieder einmal die Geduld zu verlieren.

„Auch auf Um diese Spirale zu stoppen, müssen Sie Energie aus dem System he-
dem besten rausnehmen. Geben Sie Ihren Widerstand auf und stehen Sie zu Ihrer
Felde gibt es Ungeduld als einer Eigenschaft, die zu Ihnen gehört. Sobald Sie dieses
Unkraut." Bekenntnis verinnerlicht haben, können Sie fortfahren, an Ihrem Ver-
Aus Jamaika halten zu arbeiten.

Das Positive am Negativen: Auf den Nutzen kommt es an

So merkwürdig es klingt: Alles, was wir für schlecht halten, ist auch
für irgendetwas gut. Bleiben wir beim Beispiel Ungeduld. Als tempera-
mentvoller Mensch fahren Sie aus der Haut, wenn Ihre Mitarbeiter etwas nicht sofort begreifen oder nicht schnell genug das gewünschte
Resultat erbringen. Dieses Verhalten hat zweifellos einige negative
Folgen. Ihre Mannschaft fühlt sich unter Druck gesetzt, hat nicht genü-

gend Zeit, um eigene Ideen zu entwickeln, und liefert vielleicht sogar Lösungen ab, die nicht Ihren Qualitätserwartungen entsprechen. Auf der anderen Seite bewirkt Ihre Ungeduld aber auch etwas Gutes: Ihre Abteilung gewöhnt sich an ein hohes Arbeitstempo und ist in der Lage, in kurzer Frist außerordentliche Erfolge zu realisieren. Das Leistungsniveau steigt und alle Beteiligten sind stolz, etwas Besonderes geschafft zu haben.

Denkanstoß
Bekämpfen Sie Ihre Schwächen nicht, sondern versuchen Sie, ihnen etwas Positives abzugewinnen.

Es lohnt sich also zu überprüfen, welcher Nutzen mit Ihren sogenannten Schwächen verbunden ist oder in der Vergangenheit verbunden war. Dafür haben wir die nächste Übung vorbereitet.

Übung
Finden Sie die guten Seiten an Ihren ABERs

Finden Sie zu allen ABERs den Nutzen und halten Sie ihn für die größten 10 schriftlich fest. Ihr Bild von sich selbst wird sich dadurch weiter wandeln.

ABER	Nutzen

Diese Übung können Sie als Arbeitsblatt von unserer Website www.buhr-team.com/de/logins herunterladen.

Kann es sein, dass Ihnen manche Schwächen schon gar nicht mehr so schlimm erscheinen? Dass Sie eigentlich ganz gut damit leben können? Dann belassen Sie es dabei und tauschen im Kopf lediglich das Wörtchen „aber" gegen das Wörtchen „und" aus. Diese kleine Änderung in Ihrer Denkweise hat eine immense Wirkung, wie das folgende Beispiel verdeutlicht: „Ja, ich bin eine fähige Führungskraft, aber ich habe wenig Geduld mit meinen Mitarbeitern." Durch das Wörtchen „aber" stellen Sie die eigenen Fähigkeiten sofort wieder in Frage. Dies können Sie jedoch vermeiden, indem Sie stattdessen sagen: „Ich bin eine fähige Führungskraft, und ich bin ungeduldig mit meinen Mitarbeitern." Spüren Sie den Unterschied? Sie können sich Fehler und Schwächen zugestehen und trotzdem ein klares Ja zu sich selbst sagen.

Das Gehirn als Spielverderber: Sich zu ändern fällt schwer

Genauso gut ist es möglich, dass Sie sich mit Ihrer Ungeduld nicht abfinden wollen. In diesem Fall müssen Sie eine praktikable Lösung finden, um diesen Störfaktor auszuschalten oder zumindest auf ein erträgliches Maß herunterzufahren. Dabei sollten allerdings die vorhin beschriebenen positiven Effekte erhalten bleiben.

Das Dumme ist nur: Je mehr wir uns bemühen, ein Fehlverhalten abzustellen, desto hartnäckiger denken wir daran. Die Sache geht uns partout nicht aus dem Kopf. Der Grund dafür lässt sich schnell ausmachen: Das Gehirn kann nicht „nicht" denken. Akzeptieren Sie einfach diese unabänderliche Tatsache, der Sie auch schon in Kapitel 3 begegnet sind.

> **Denkanstoß:**
> Je mehr wir uns bemühen, etwas zu verdrängen, desto mehr beschäftigen wir uns damit.

Die folgende kleine Geschichte verdeutlicht diesen Sachverhalt. Einem Mann wurde von einer Wahrsagerin folgendes prophezeit: „Du wirst in Kürze einen großen Schatz finden, der dich auf einen Schlag von allen finanziellen Sorgen befreit. Doch du musst unbedingt drei Dinge beachten, wenn du Erfolg haben willst. Erstens: Grabe bei Vollmond unter der Wurzel des größten Baumes in deinem Garten. Zweitens: Grabe selbst und beeile dich dabei, denn du hast nur von Mitternacht bis ein Uhr Zeit dafür. Drittens: Du darfst beim Graben an alles denken – nur nicht an ein Nilpferd." Unnötig zu sagen, dass der arme Schatzsucher die beiden ersten Bedingungen problemlos erfüllte, aber an der dritten kläglich gescheitert ist. Noch heute soll er in psychiatrischer Behandlung sein.

Wenn es dem Gehirn also nicht möglich ist, in Verboten zu denken, brauchen Sie eine Alternative. Was wollen Sie tun, anstatt ungeduldig zu sein? Wir verraten es Ihnen gleich nach der nächsten Übung.

Übung
Finden Sie Alternativen

Finden Sie für drei Ihrer verbliebenen ABERs – also klare Neins – jeweils mindestens drei Alternativen, die denselben Nutzen erfülen und für Sie attraktiver sind. Dadurch erhalten Sie mehr Flexibilität in Ihrem Handeln.

ABER	Nutzen	Alternativen
	(A) (B) (C)	
	(A) (B) (C)	
	(A) (B) (C)	

Diese Übung können Sie als Arbeitsblatt von unserer Website www.buhr-team.com/de/logins herunterladen.

Die Alternative als Ausweg - überlisten Sie Ihr Denken

Es gibt also durchaus Wege, das eigene Denken geschickt zu nutzen. Die erste und entscheidende Frage in diesem Zusammenhang ist, wie Sie sich verhalten wollen, wenn Sie wieder einmal die Ungeduld überkommt. Wie könnte die Alternative aussehen? Da gäbe es einige Möglichkeiten. Sie könnten beispielsweise jedes Mal tief durchatmen und bis zehn zählen. Und sich dann entscheiden, ob ungeduldiges Verhalten angebracht ist oder nicht. Oder etwas ganz Verrücktes tun. Zum Beispiel Lachen, um aus dem Automatismus auszubrechen. Oder Sie klinken sich ganz einfach aus der Situation aus.

Eine weitere wichtige Frage ist, wo und wann Ihnen Ihr ungeduldiges Verhalten auch in Zukunft nützlich sein kann. Vielleicht zum Quartalsende, wenn wichtige Zahlen schnell ermittelt werden müssen? Oder bei Ihrem Sohn, der kurz vor dem Zeugnis immer noch nicht von seiner Fünf in Mathematik heruntergekommen ist? Finden Sie heraus, wann Ungeduldigsein in Ihrem Leben Sinn macht.
Damit steht Ihnen ein Ausweg offen, um Ihre alten, ungeliebten Verhaltensweisen ab und zu doch noch zeigen zu können. Schon bald werden Sie feststellen, dass Ihnen längst nicht mehr so häufig der Geduldsfaden reißt wie früher. Auch wenn Sie eigentlich ungeduldig sein dürften – Sie sind es nicht mehr. Durch diesen simplen Trick vermeiden Sie, sich selbst unter Druck zu setzen und gehen viele Situationen entspannter an.
In der nächsten Übung können Sie festlegen, bei welchen Gelegenheiten Sie sich Ihr altes Verhalten erlauben möchten oder was Sie stattdessen tun wollen.

Übung
Lassen Sie Ausnahmen zu

Finden Sie Gelegenheiten, bei denen Ihr altes ABER sich zeigen darf. Denken Sie dabei daran, dass es um dürfen und nicht um müssen geht. Die Kenntnis dieser Gelegenheiten nimmt viel Druck von Ihnen.

ABER	Nutzen	Gelegenheit

Diese Übung können Sie als Arbeitsblatt von unserer Website www.buhr-team.com/de/logins herunterladen.

Nun haben Sie es fast geschafft, Ordnung in Ihre Schwächen zu bringen. Der letzte Schritt besteht nun darin, das neue Verhalten zu festigen. Dabei hilft Ihnen mentales Training, in dem die jeweilige Situation durchgespielt wird, in der Sie Ihre guten Vorsätze anwenden möchten. Beispielsweise ein ruhiges, geduldiges Gespräch mit Ihrem Mitarbeiter. Schließen Sie die Augen und stellen sich diese spezielle Situation vor. Hören Sie, was Sie und andere sagen. Achten Sie darauf, ob es irgendwelche Geräusche im Umfeld gibt. Spüren Sie, wie es sich anfühlt, Ihr neues Verhalten auszuprobieren. Lassen Sie alle Sinneseindrücke auf sich wirken und verändern Sie die Szene so lange, bis sie perfekt ist. Der Lerneffekt kann zusätzlich unterstützt werden, indem Sie diese bestimmte Situation mit einem Wort oder einer Geste in Verbindung bringen. Wiederholen Sie dieses Schlüsselsymbol immer wieder, bis Sie reflexartig darauf reagieren und die Situation automatisch vor Ihrem inneren Auge entsteht.

6.3. Sie und die anderen: gegen- und miteinander

Begegnung auf gleicher Augenhöhe: Spannungsfrei miteinander umgehen

Das mentale Training hat Sie hoffentlich entspannt und fit für Neues gemacht. Gerade im Beziehungsbereich spielt das Gleichgewicht zwischen den Beteiligten eine entscheidende Rolle. Jede Beziehung beruht auf den Prinzipien Austausch, Gleichberechtigung und Angstfreiheit. Wenn Sie diese Empfehlungen beachten, wird sich jede Beziehung erfolgreich und für alle Beteiligten befriedigend entwickeln. Dazu gehört auch das Prinzip vom Geben und Nehmen. Nur wenn Sie Ihrem Partner etwas bieten können und im Gegenzug von ihm etwas bekommen, wird die Verbindung Bestand haben. Dabei kann es um materielle Dinge gehen, wie etwa Leistung gegen Bezahlung im Beruf. Dabei hängt sehr viel davon ab, wie der Zustand einer Beziehung von den Betreffenden subjektiv beurteilt wird. Ein Gehalt kann objektiv gesehen absolut angemessen sein. Doch sollte sich der Mitarbeiter dennoch ungerecht bezahlt fühlen, wird es zwangsläufig zu Spannungen mit seinem Chef kommen. Das Prinzip gilt aber auch für Emotionen: Wer das Gefühl hat, mehr Zuwendung zu geben als zu erhalten, verliert auf Dauer Energie. Während der geliebte Partner „energetisch wächst", wichtiger wird. Es entsteht ein Ungleichgewicht in der Beziehung – und das kann ihr auf Dauer schaden. Die Balance an gegenseitiger Aufmerksamkeit, an gegenseitiger Zuwendung, an gegenseitigem Energiespenden erst macht aber auch Beziehungen balanciert und damit stabil.

> „Ein Egoist ist ein Mensch, der nur zuhört, wenn er selber redet."
> Arno Sölter

Denkanstoß:
Das Gleichgewicht von Geben und Nehmen ist unerlässlich für jede funktionierende Beziehung.

„Man erschrickt nur vor Drohungen; mit vollendeten Tatsachen findet sich der Mensch schnell ab."
Oswald Spengler

Neben dem wechselseitigen Austausch ist es ebenso wichtig, dass sich die Beziehungspartner gleichberechtigt begegnen. Das bedeutet jedoch nicht die Auflösung aller hierarchischen Strukturen im Unternehmen. Vielmehr muss es über die unterschiedlichen Ebenen hinweg Spielregeln geben, die für beide Parteien gleichermaßen gelten. Darf zum Beispiel der Mitarbeiter denselben saloppen Ton gegenüber dem Chef nutzen, den dieser ihm gegenüber anschlägt?
Und der dritte Punkt: Angst ist für jedes Miteinander tödlich. Sei es die Furcht vor Sanktionen in der Beziehung – Kritik, Strafe, Liebesentzug o. ä. – oder gar einer Auflösung, einer Scheidung, einer Entlassung. Auf einer von Angst geprägten Basis kann keine Beziehung überleben. Auch wenn sie formal noch weiter existiert.

Plädoyer für die Wertschätzung: Der Zweck heiligt nicht immer die Mittel

Im Folgenden möchten wir uns mit einem heiklen Thema befassen: Was können wir unternehmen, wenn wir in einer Beziehung ausgenutzt werden?
Sie haben es wahrscheinlich selbst schon erlebt. Plötzlich spüren Sie, dass ein anderer nur dann Kontakt zu Ihnen sucht, wenn er etwas von Ihnen will. Dann fühlen Sie sich wie die Ehefrau, die nur noch für die schmutzige Wäsche zuständig ist. Oder wie der Vater, der nur noch Geld verdienen und zahlen darf. Oder wie der Mitarbeiter, der lediglich für unangenehme Aufgaben eingesetzt wird. Oder der Kunde, der nur noch als willkommene Einnahmequelle fungiert. Das soll nicht heißen, dass man keinen Nutzen aus einer Beziehung ziehen darf. Aber dieser Nutzen darf nicht einseitig sein. Und schon gar nicht sollte der Beziehungspartner auf den Vorteil reduziert werden, den er dem anderen bietet.
Aus diesem Grund ist es wichtig, dass Sie – unabhängig von dem berechtigten Interesse an der Funktionalität und Nützlichkeit einer Person – Ihr Gegenüber als Mensch schätzen. Je besser es Ihnen gelingt, Menschen gegenüber aufgeschlossen zu sein, desto leichter wird es Ihnen fallen, Kontakte zu knüpfen. Und Sie werden eines feststellen: Je mehr Sie über Ihr Gegenüber erfahren, desto größer wird Ihr Interesse an ihm und Ihre Wertschätzung seiner Person. Dieses Entgegenkommen zahlt sich für Sie aus, da umgekehrt viele Menschen gern mit Ihnen Bekanntschaft schließen werden.
Machen wir an dieser Stelle eine kleine Pause, damit Sie sich mit der nächsten Übung beschäftigen können. Dabei geht es darum herauszufiltern, was Sie interessant finden und was nicht.

Übung
Machen Sie sich Ihre Interessen bewusst

Schreiben Sie bitte die Dinge auf, die Sie interessieren. Und die Dinge, die Sie „sterbenslangweilig" finden. Sie erhalten dadurch Hinweise darauf, wie Sie einfach mit Menschen in Kontakt kommen.

Ich interessiere mich für: **Mich langweilt:**

Diese Übung können Sie als Arbeitsblatt von unserer Website www.buhr-team.com/de/logins herunterladen.

Neugier weckt Interesse: Erweitern Sie Ihren Horizont

Am meisten interessieren uns die Dinge, die wir kennen und von denen wir etwas verstehen. Das genügt uns aber nicht – wir sind neugierig auf mehr. Also lernen wir dazu, wobei sich neue Fragen ergeben, die wir beantwortet haben wollen. Dafür brauchen wir mehr Wissen, was wiederum die Neugier weckt, mehr zu erfahren. Diesen Vorgang können wir als „positive Interessenspirale" bezeichnen, die sich endlos weiter dreht und so unsere Entwicklung vorantreibt.

Zur Veranschaulichung ein Beispiel: Angenommen, Ihre neue Freundin spielt Golf. Folglich beschließen Sie, sich ebenfalls damit zu befassen. Allein schon aus dem Grund, um mit ihr im Gespräch bleiben zu können. Vielleicht lesen Sie zunächst ein Buch übers Golfen oder schauen sich die Übertragung eines Turniers im Fernsehen an. Irgendwann wissen Sie, was ein Birdie ist und was ein Bogey. Jetzt haben Sie richtig „Blut geleckt". Denn plötzlich treffen Sie überall Menschen, die vom Golfspielen begeistert sind. Also fassen Sie den Entschluss, es selbst einmal zu versuchen. Und dann geht alles sehr schnell. Nach intensivem Training bekommen Sie die Platzreife, stehen jeden Sonntagmorgen auf dem Fairway, fachsimpeln mit den neuen Freunden und genießen die Bewegung an der frischen Luft. Dabei eignen Sie sich immer mehr Know-how an, bis Sie schließlich ein echter Golf-Experte geworden sind. So, wie Sie Interesse am Golfen gefunden haben, können Sie auch Ihr Interesse an den Mitmenschen fördern. Sie müssen nur lernen, die

„Es ist nicht nötig, den Charakter der Leute zu kennen, sondern nur ihre Interessen, um ungefähr zu erraten, was sie zu jeder Sache sagen werden."
Jean-Jacques Rousseau

Menschen zu verstehen. Am besten gelingt das im täglichen Leben. Also gehen Sie dorthin, wo Menschen sind und sprechen Sie mit ihnen. Und vor allem – hören Sie ihnen zu. Schweigen Sie und sperren Sie die Ohren auf, wenn Ihnen jemand etwas erzählt. Und zwar so lange, bis Sie wirklich verstanden haben, worum es Ihrem Gegenüber geht.

Denkanstoß:
Ganz Ohr sein für andere: Durch aktives Zuhören sind Sie in der Lage, sich besser in Ihr Gegenüber hineinzuversetzen.

"Studiere die Menschen, nicht um sie zu überlisten und auszubeuten, sondern um das Gute in ihnen aufzuwecken und in Bewegung zu setzen."
Gottfried Keller

Selbstverständlich ist es zwischendurch erlaubt, Fragen zu stellen, um einen bestimmten Sachverhalt besser zu verstehen. Durch dieses „aktive Zuhören" geben Sie Ihrem Gesprächspartner das Gefühl, ernst genommen zu werden und lernen eine Menge über die Person selbst dazu. Ein weiterer Vorteil dieser Gesprächsführung ist, dass Monologe vermieden werden. Dass der eine am anderen vorbeiredet und seinen Partner nur als Kulisse für die eigene Selbstdarstellung benutzt. Außerdem lenkt Sie das konzentrierte Zuhören davon ab, an etwas anderes zu denken und innerlich eine Rede in eigener Sache vorzubereiten, die nur darauf wartet, abgespult zu werden. Sie lassen sich dagegen voll und ganz auf den betreffenden Menschen ein. Nutzen Sie die Gelegenheit, das „aktive Zuhören" auszuprobieren. Am besten eignet sich dazu eine Gesprächssituation, in der Sie sich zunächst aufs Zuhören und Verstehen beschränken. Achten Sie dabei sowohl auf die sachlichen als auch auf die emotionalen Botschaften. Im Anschluss lassen Sie das Ganze noch einmal Revue passieren und stellen sich dabei folgende Fragen:

• Wie war die Gesprächsatmosphäre?
• Was habe ich alles erfahren?
• Wie konnte ich mich zurückhalten?
• Was ist mir leicht gefallen?
• Was möchte ich noch ausprobieren?

Jeder Mensch hat seine guten Seiten – Sie müssen sie nur entdecken

„Alles gut und schön", geben Sie zu bedenken. „Aber was ist mit den Menschen, zu denen ich keinen Zugang finde?" Machen Sie sich bewusst: Es gibt an jedem Menschen etwas, das Sie mögen. Machen Sie

sich die Mühe, diese Eigenschaften aufzuspüren. Das ist nicht immer
leicht. Denn wir sind nicht in der Lage, alles gleichzeitig und gleichge-
wichtig wahrzunehmen, was die Sinne uns an Eindrücken vermitteln.
Unser eingebautes Filtersystem selektiert sämtliche eingehenden Informationen und grenzt vermeintlich weniger Wichtiges aus.

Denkanstoß:
Jeder Mensch besitzt Eigenschaften, die ihn sympathisch machen.
Auch wenn uns diese nicht sofort ins Auge fallen. Es lohnt sich aber
durchaus herauszufinden, welche es sind.

Ein entscheidender Filter ist der erste Eindruck, der schnell einge-
ordnet werden muss, damit wir uns orientieren und handlungsfähig
bleiben können. Nun gehört es zur menschlichen Natur, danach zu
streben, diesen ersten Eindruck bestätigt zu bekommen. Das heißt: Wir
suchen nach weiteren Wahrnehmungen, die diese Annahme bekräfti-
gen – alles Widersprüchliche wird herausgefiltert. Das erklärt, weshalb
der erste Eindruck einer der ausschlaggebenden Faktoren beim Aufbau
von Beziehungen ist.

Denkanstoß:
Der erste Eindruck ist entscheidend. Wie gut, dass er nicht endgültig sein muss.

Tröstlich: Sie können ihn korrigieren, wenn Sie sich darum bemühen.
Denken Sie daran, dass andere mit einem Menschen im Gegensatz zu
Ihnen ausgezeichnet zurechtkommen, obwohl Ihr Bild von ihm eher
negativ ist. Versuchen Sie, die Gründe dafür herauszufinden, um auf
diese Weise bisher verborgen gebliebene Vorzüge zu entdecken.
In der Übung können Sie testen, wie weit Sie dazu in der Lage sind.

Übung
Finden Sie das Positive in anderen Menschen

Bitte schreiben Sie fünf Menschen auf, die Ihnen eher unsympa-
thisch, langweilig oder uninteressant vorkommen und finden Sie bei
ihnen sympathische und/oder interessante Merkmale. Sie trainieren
damit Ihre Flexibilität im Umgang mit Menschen.

Person	Positiv

Diese Übung können Sie als Arbeitsblatt von unserer Website
www.buhr-team.com/de/logins herunterladen.

> „Wenn du
> willst, dass dir
> jemand nicht
> mehr
> unsympathisch
> ist, tue ihm
> Gutes. Und du
> wirst sehen,
> dass er dir sym-
> pathisch wird."
> Jacinto
> Benavente

In diesem Zusammenhang ist noch ein weiterer Aspekt bedenkenswert.
Haben Sie sich schon einmal gefragt, was Sie für Ihr Gegenüber tun
und wie Sie ihm nützlich sein können? Gehen Sie ruhig in Vorleistung.
Ihre Bereitschaft zu geben macht Ihren Gesprächspartner offen und
umgänglich. Als Energizer werden Sie von anderen geschätzt und er-
halten schnell Feedback. Immer mehr Menschen haben Lust, Zeit mit
Ihnen zu verbringen und zahlen Ihnen Ihre Gefälligkeiten mit gleicher
Münze zurück.

Sie möchten wissen, wie sich ein Energizer fühlt? Dann stellen Sie sich
den Kontakt mit solch einem Menschen einmal bildlich vor. Hören Sie
zu, was er sagt. Beobachten Sie, was er tut. Fühlen Sie nach, was die
Begegnung mit ihm so angenehm macht. Auf diese Weise gelingt es
Ihnen, sich in die Person eines Energizers hineinzuversetzen.

Kein Mauerblümchen-Dasein: Beziehungen wollen gepflegt werden

Der österreichische Psychologe und Kommunikationswissenschaftler
Paul Watzlawick hat die These aufgestellt, dass Menschen auf zwei
Ebenen gleichzeitig miteinander kommunizieren. Die Sachebene ist
die Plattform, auf der Worte und Fakten ausgetauscht werden. Die Beziehungsebene drückt aus, wie zwei Menschen zueinander stehen und
wie die Worte der Sachebene verstanden werden sollen. Solange beide
Ebenen parallel laufen und aus Sicht der Beteiligten gleich definiert
sind, wird eine Beziehung als angenehm empfunden. Folglich sollten
wir sehr genau darauf achten, was wir speziell auf der Beziehungsebene

ausdrücken. Denn gerade hier sind die kommunikativen Möglichkeiten wesentlich vielfältiger als auf der Sachebene. Damit wächst aber auch die Gefahr von Missverständnissen.

Denkanstoß:
Die Kommunikation zwischen Menschen läuft zweigleisig auf einer Sach- und einer Beziehungsebene. Hierdurch ergeben sich oftmals Verständigungsschwierigkeiten.

Natürlich können Sie über Ihre Beziehung sprechen; sie in Worte fassen und damit die Beziehungsebene zur Sachebene machen. Allerdings passt das nicht immer. Denken Sie nur an das verliebte Paar, das eng umschlungen am Strand dem Sonnenuntergang zusieht, bis er es nicht mehr aushält und sagt: „Schöner Sonnenuntergang, nicht?" Die Stimmung ist dahin.

Als Alternative oder Ergänzung steht Ihnen die Körpersprache als Ausdrucksmittel zur Verfügung. Nehmen Sie Blickkontakt auf? Wie lange halten sie ihn? Lächeln Sie oder bleiben Sie ernst? Berühren Sie Ihr Gegenüber oder lassen Sie sich anfassen? Zeigen Sie Ihre Gefühle durch Mimik und Gestik oder ziehen Sie ein „Pokerface" vor? Oder um bei unserem Liebespaar zu bleiben, kuscheln sie sich noch enger aneinander? All dies sendet deutliche Signale, die von Ihrem Gesprächspartner entschlüsselt und interpretiert werden.

Auch mit der Stimme lässt sich eine Menge ausdrücken. Es ist ein großer Unterschied, ob Sie laut und deutlich oder leise und zaghaft argumentieren. Ob Sie knappe, präzise Anweisungen geben oder Ihren Partner zum Dialog einladen. Ob der Mann im obigen Beispiel am Strand den Satz mit lauter, fester Stimme spricht oder ihr leise ins Ohr flüstert. Und das ist längst noch nicht alles.

Denkanstoß:
Auch kleinste Details sind wichtig, um gute Beziehungen zu knüpfen. Denn sie vermitteln oft zentrale Botschaften.

Eine wichtige Rolle spielen auch die Rahmenbedingungen der Begegnung. Findet die Unterredung bei Ihnen, bei Ihrem Gesprächspartner oder auf neutralem Boden in einem Restaurant statt? Beanspruchen Sie dominant den meisten Platz am Tisch oder lassen Sie dem anderen den Vortritt? Wer bekommt zuerst Kaffee eingeschenkt? Geben Sie die Themen vor oder hören Sie erst, was der andere zu sagen hat? Diese wenigen Beispiele zeigen, wie viel Spielraum Sie haben, um eine Beziehung durch Kommunikation in eine bestimmte Richtung zu lenken.

Um ein besseres Gefühl für die eigenen Beziehungsbotschaften und die Ihrer Partner zu bekommen, haben wir eine Übung vorbereitet, die Sie jetzt durchführen sollten.

Übung
Ausdruck von Beziehungsbotschaften

Bitte schreiben Sie drei Personen aus Ihrem Umfeld auf und beschreiben Sie kurz, wie sie zu Ihnen stehen. Durch welche Signale, sprachlicher oder nicht sprachlicher Art, drücken diese Personen das aus? Was nehmen Sie wahr? Sie erhalten damit Hinweise, welche Ausdrucksmöglichkeiten Sie schon kennen und worauf Sie besonders reagieren.

Person	Wie steht die Person zu Ihnen?	Wie drückt sie das aus?

Diese Übung können Sie als Arbeitsblatt von unserer Website www.buhr-team.com/de/logins herunterladen.

Danach bleibt Ihnen vielleicht noch Zeit für ein Partnerspiel. Das läuft folgendermaßen ab: Abwechselnd versuchen Sie und Ihr Partner, bestimmte Emotionen oder Beziehungseigenschaften auszudrücken. Also beispielsweise Ärger, Gleichberechtigung, Vertraulichkeit, Unterordnung, Distanz, Freude usw. Aber Achtung: Sie dürfen dazu keine erklärenden Worte benutzen. Erlaubt ist nur die Körpersprache. Setzen Sie Gesten, Mimik, Ihre Stimme, den ganzen Körper ein, um die Bedeutung zu veranschaulichen. Wenn Sie unbedingt sprechen wollen, reden Sie nur in Zahlen. Aufgabe des Partners ist jeweils, das Dargestellte zu erraten.

Auf spielerische Weise erfahren Sie dabei, wie gut Sie auf der nonverbalen Ebene kommunizieren können.

6.4. Zwei Menschen, zwei Meinungen: Zählen Siege oder Erfolge?

Wenn es in der Beziehung kriselt: Strategien zur Konfliktbewältigung

Wenn zwischen den beiden Kommunikationsebenen ein Ungleichgewicht besteht, fangen die Schwierigkeiten an. Sie kennen sicher die Besprechungen, in denen sich alles im Kreise dreht und nichts vorankommt. Oder erinnern Sie sich an die verkorkste Urlaubsplanung mit der Familie, wo jeder seinen Kopf durchsetzen wollte. Vielleicht fällt Ihnen auch der Vorfall im Büro ein, als Ihr Chef Ihren wirklich konstruktiven Vorschlag einfach nicht beachtet hat. Diese Ereignisse sind Beispiele dafür, dass häufig auf der Sachebene Themen ausgetragen werden, die eigentlich auf die Beziehungsebene gehören.

Denkanstoß:
Zahlreiche Verständigungsprobleme entstehen dadurch, dass sich die Kommunikationsebenen verschieben. Sach-Inhalte werden auf die emotionale Schiene verlagert, Gefühlsdinge hinter sachlichen Argumenten versteckt.

Wenden wir uns dem Beispiel Urlaubsplanung zu. Dabei geht es vordergründig darum, den geeigneten Ferienort für die Familie zu finden. Darüber wird auf der Sachebene diskutiert. Hintergründig, nämlich auf der Beziehungsebene, liegen die Motive jedoch ganz woanders. Möglicherweise möchten sich Ihre Kinder endlich einmal gegen die Erwachsenen durchsetzen und werden daher jeden Vorschlag von Ihrer Seite ablehnen. Das bedeutet: Auf der Sachebene wird sich schwerlich eine Einigung erzielen lassen.

Hier bieten sich zwei Alternativen, die Situation zu entschärfen. Zum einen können Sie die Beziehungsebene zum Thema der Sachebene machen, indem Sie über Ihre augenblicklichen Gefühle sprechen. „Wir diskutieren jetzt über eine Stunde über den Urlaub, und alle meine Vorschläge wurden abgelehnt. Ich fürchte, dass wir uns überhaupt nicht einigen können." Mit dieser Ich-Botschaft bieten Sie Ihren Kindern an, über ihre eigentlichen Absichten zu sprechen. Geht der Nachwuchs darauf ein und äußert sich zum „Einmal-selbst-bestimmen-Wollen", dann haben Sie die Chance, über die tatsächlichen Beweggründe zu reden und einen Konsens zu finden.

„Die Leute streiten, weil sie nicht gelernt haben zu argumentieren."
Gilbert Keith Chesterton

Sollten Sie das wirkliche Motiv Ihrer Kinder bereits ahnen, steht Ihnen die zweite Möglichkeit offen: Überlassen Sie Ihren Sprösslingen die Entscheidung für den Urlaub. Damit geben Sie nonverbal zu erkennen: „Ich respektiere euch als gleichberechtigte Partner, die auch bestimmen dürfen." Was ist mit dem Vorgesetzten, der Ihre tolle Idee sang- und klanglos unter den Tisch fallen ließ? Auch hier ergeben sich zwei Möglichkeiten. Es kann sein, dass er es nicht erträgt, wenn seine Mitarbeiter bessere Ideen haben als er. Es kann aber auch sein, dass Sie Ihren Vorschlag so enthusiastisch vorgetragen haben, dass Ihr Vorgesetzter sich ins Abseits gedrängt fühlte.

Denkanstoß:
Versuchen Sie, sich in Ihre Gesprächspartner hinein zu versetzen. Oft steckt hinter Ablehnung nur Unsicherheit.

Ihre Reaktion: Sie sprechen Ihren Boss auf das Problem an und geben ihm zu verstehen, dass Sie die Gründe seiner Handlungsweise nicht nachvollziehen können. Entweder bleibt er ganz auf der Sachebene und legt Ihnen seine Gründe dar. Oder er klärt die Angelegenheit auf der Beziehungsebene. Etwa so: „Diesen Vorschlag haben Sie an mir vorbei direkt an die Geschäftsführung gerichtet. Wenn wir Ihre Idee realisieren, könnte das Schule machen. Ich will nicht jedes Mal so aussehen, als wüsste ich in meiner Abteilung nicht Bescheid." Sollten Sie aber den Charakter Ihres Chefs und seine Verhaltensweisen kennen, sind Sie in der Lage, den Konflikt von vornherein zu vermeiden. Beispielsweise folgendermaßen: „Kürzlich haben Sie mich auf eine Idee gebracht, die ich weiter ausgearbeitet habe. Was halten Sie davon?" Mit diesem diplomatischen Vorgehen schmeicheln Sie seinem Ego, halten Ihre Beziehung im Gleichgewicht und erreichen auch noch auf elegante Weise Ihr Ziel.

„Wenn zwei immer das gleiche denken, ist einer überflüssig." Winston Churchill

Erfolgreich verhandeln: Trennen Sie Person und Sache

Begeben wir uns nun auf die Sachebene. Auch hier können Probleme auftreten, die eine Einigung unmöglich erscheinen lassen. Besonders heikel wird die Sache, wenn der Konflikt auf die Beziehungsebene verlagert wird. Dazu neigen leider manche Menschen, die Sachthemen übermäßig große Bedeutung beimessen: „Weil du nicht mit an die See

fahren willst, liebst du mich nicht mehr!"
Ziel muss daher sein, beide Ebenen sauber auseinander zu halten. Eine Anleitung liefert das „Harvard Konzept sachgerechten Verhandelns" der Autoren Roger Fisher, William Uhry und Bruce Patton mit dem Rat, Person und Sache zu trennen. Akzeptieren Sie, dass in einer Beziehung immer wieder Meinungsverschiedenheiten auftreten. Das ist nichts Ungewöhnliches. Um diese Konflikte aus dem Weg zu räumen, sollten Sie in der Sache hart bleiben, die beteiligte Person aber weiterhin wertschätzen. Denn unterschiedliche Auffassungen von einer Sache sind der Motor der Weiterentwicklung.

Präzise ausgependelt: Alles im Lot mit der Beziehungswaage

Das alles klingt sehr einfach. Ist es aber nicht immer in der Praxis. Stellen Sie sich vor, unsere Beziehungen hätten die Form einer Waage, wie Justitia sie in der Hand hält. Alles, was wir innerhalb der Beziehung unternehmen, hat Auswirkungen auf die Balance der Waage. Stecken wir Engagement und Energie in die Verbindung, wird sie auf unserer Seite etwas schwerer. Ziehen wir dagegen Nutzen aus der Beziehung, verliert sie auf unserer Seite an Gewicht. Bitten wir unseren Partner gar um einen Gefallen, wird die Waage deutlich leichter. Sobald eine der Schalen den Boden berührt, hat die Waage ihre Funktion verloren – die Beziehung wird beendet. Leider ist unsere Beziehungswaage relativ selten im Gleichgewicht. Das ist aber nicht dramatisch, denn nicht jeder kleine Konflikt führt gleich zum Bruch des Verhältnisses. Trotzdem müssen wir Acht geben, dass sich die Waagschalen nicht zu einseitig senken oder heben.

> „Jedes zu große Übergewicht von einer Seite stört die Freundschaft."
> Adolf Freiherr von Knigge

6.5. Pflegen Sie Ihre Beziehungen – dann können Sie darauf zurückgreifen

Auf den folgenden Seiten möchten wir Ihnen in Anlehnung an Steven Covey sechs Grundsätze vorstellen, die Sie in Ihre Waagschale werfen können, um Ihre Beziehungen tragfähig und belastbar zu machen.

Der Grundsatz der Zuverlässigkeit: Lassen Sie Ihren Partner nicht im Stich

Schönwetter-Beziehungen, die beim kleinsten Schauer auseinanderbrechen, taugen nichts. Zeigen Sie Ihrem Partner, dass Sie auch in schwierigen Situationen zu ihm halten. Wenn Sie ihn gleich beim erstbesten Problemchen fallen lassen, hat das nicht nur für Ihren Partner negative Folgen. Zunächst einmal schadet die Unzuverlässigkeit Ihrem Ruf. Denn es spricht sich herum, dass Sie ein Wackelkandidat sind, wenn's mal drauf ankommt. Außerdem verlernen Sie durch die Flucht vor Konflikten, derartige Herausforderungen zu meistern. Irgendwann sind Sie gar nicht mehr in der Lage, bei Ihrem Partner zu bleiben – selbst, wenn Sie es wollten. Mit einem Wort: Sie werden beziehungsunfähig.

„Gib einen alten Freund nicht auf, denn ein neuer hält nicht zu dir."
Jesus Sirach

Im Berufsleben finden wir dieses Phänomen bei den Job-Hoppern, die in rascher Folge von einer Arbeitsstelle zur anderen springen. Nur, weil es vielleicht einmal Ärger gegeben hat oder weil die Konditionen am neuen Arbeitsplatz ein wenig besser erscheinen. Wird klar, dass der Wechsel ebenfalls Probleme mit sich bringt, beginnt der Kreislauf aufs Neue. Wie schaut es mit Ihrer eigenen Zuverlässigkeit aus? In der nächsten Übung können Sie es testen.

Übung
Ziehen Sie einmal Bilanz

Welche Beziehungen haben Sie wegen auftretender Schwierigkeiten aufgegeben? In welchen Beziehungen haben Sie auch größere Schwierigkeiten durchgestanden? Welche Folgen hatte das jeweilige Verhältnis für Sie? Sie machen sich bewusst, welche Schwierigkeiten für Sie wesentlich sind.

Diese Übung können Sie als Arbeitsblatt von unserer Website www.buhr-team.com/de/logins herunterladen.

Der Grundsatz der Glaubwürdigkeit: Versprechen müssen gehalten werden

Kaum etwas anderes belastet eine Beziehung so sehr wie ein nicht eingehaltenes Versprechen. Zugegeben, die Verlockungen sind groß, schnell etwas zuzusagen, was wir eigentlich gar nicht einlösen wollen oder können. Beispielsweise wenn die Kinder quengeln oder die Kollegen nerven. Da versprechen wir leicht, das nächste Wochenende gemeinsam mit der Familie ins Grüne zu fahren oder am nächsten Tag einige Überstunden einzulegen. Nur um Ruhe zu haben. Sobald es aber an die Umsetzung geht, kneifen wir.

Denkanstoß:
Leichtfertig gemachte Zusagen, die nicht eingehalten werden, stellen eine große Belastung für jede Beziehung dar.

Aber denken Sie daran: Jedes nicht eingehaltene Versprechen bedeutet ein Ausschlagen der Beziehungswaage zu Ihren Lasten. Gehen Sie deshalb äußerst vorsichtig mit Versprechungen um. Und wenn Sie welche machen, halten Sie diese unbedingt ein. Denn umgekehrt gilt auch: Kaum etwas anderes stärkt eine Beziehung so sehr wie eingehaltene Zusagen.

Der Grundsatz der Kleinigkeiten: Wenn aus Mücken Elefanten werden

Ehen scheitern nicht am Fremdgehen, sondern an falsch ausgedrückten Zahnpastatuben. Arbeitsverhältnisse enden nicht wegen gestohlener Silberlöffel, sondern weil die Chemie nicht mehr stimmt. Das heißt: Es sind sehr oft die kleinen Dinge, die zur inneren Kündigung führen oder unsere Beziehungen scheitern lassen. Täglich haben wir Gelegenheit, unsere Wertschätzung, aber auch unsere Missachtung anderen Menschen gegenüber auszudrücken. Dabei machen wir uns meistens nicht klar, dass Geringfügigkeiten aus unserer Sicht für andere enorm wichtig sind.

> „Man soll niemandem etwas nachtragen. Wir haben alle schon genug zu schleppen."
> Johannes Müller

Gute Beziehungen leben aber von Kleinigkeiten. Ein freundliches Wort, ein verständnisvoller Blick, eine nette Geste – all das ist nötig wie das Salz in der Suppe. Lernen Sie von anderen, wie diese ihre Beziehungen pflegen. Die nächste Übung hilft Ihnen dabei.

Übung
Lernen Sie von Ihren Mitmenschen

Beobachten Sie Ihr Umfeld. Achten Sie eine Woche lang darauf, mit welchen Worten, Gesten und Handlungen die Menschen in Ihrer Umgebung ihre Beziehungen pflegen. Schreiben Sie jeden Abend Beispiele in die unten stehende Tabelle. Sie erweitern so Ihr eigenes Repertoire enorm.

Person	Was hat er / sie getan	Bedeutung

Diese Übung können Sie als Arbeitsblatt von unserer Website
www.buhr-team.com/de/logins herunterladen.

Der Grundsatz der Klarheit: Das Problem der verschiedenen Erwartungen

Die Ursache für häufige Streitereien zwischen Eheleuten oder zwischen Vorgesetzten und Mitarbeitern ist, dass jede Partei etwas anderes von ihrem Gegenüber erwartet. Stellen Sie sich vor, Sie sind oft geschäftlich auf Reisen. Abends im Hotel telefonieren Sie mit Ihrem Partner, um die Erlebnisse des Tages auszutauschen. Bei dieser Gelegenheit erfahren Sie, dass es Probleme mit den Kindern gegeben hat. Sofort machen Sie sich daran, Tipps zur Lösung zu geben. Und wundern sich, wenn Ihr Anruf mit einem handfesten Krach endet.

„Ein Missverständnis ist die häufigste Form menschlicher Kommunikation."

Peter Benary

Nach Hause zurückgekehrt, sprechen Sie sich mit Ihrem Partner aus. Dabei stellt sich heraus, dass Sie beide während des Telefonierens am Vorabend gegenteilige Erwartungshaltungen hatten. Während sich der eine nur ein wenig ausweinen und getröstet werden wollte, meinte der andere, das anstehende Problem umgehend in den Griff bekommen zu müssen. Ist dies einmal geklärt, können Sie künftig offen darüber sprechen, wer von Ihnen jeweils welche Rolle übernehmen soll – Schulter zum Anlehnen oder Kopf, der Probleme löst. Wenn Sie mit Ihrem Vorgesetzten nicht zurechtkommen, kann es ebenfalls an unterschiedlichen Erwartungen liegen. Vielleicht erwartet er von Ihnen mehr Selbstständigkeit oder kreative Vorschläge zur Problemlösung statt nur die pflichtbewusste Erledigung von Routinearbeiten. Fragen Sie ihn einfach, was er von Ihnen erwartet – und handeln Sie danach. Außerdem ist es sinnvoll, Ihre Beziehungen im Hinblick auf die gegenseitige Erwartungshaltung zu überprüfen. Fragen Sie sich auch, ob Sie wissen, was Ihr Gegenüber von Ihnen erwartet und umgekehrt.

Darüber hinaus sollten Sie sich klar darüber werden, wie sich die gegenseitigen Erwartungen in der Praxis auswirken.

Der Grundsatz der Integrität: Die Übereinstimmung von Worten und Taten

In England gibt es ein schönes Sprichwort: „Walk what you talk." Gemeint ist damit, dass man seinen Worten die entsprechenden Taten folgen lassen sollte. Menschen, die das nicht tun, machen uns unsicher. Denn wir wissen niemals, woran wir wirklich bei ihnen sind. Ungewissheit unterwandert jedoch jede Beziehung wie ein schleichendes Gift. Ein weiterer wichtiger Bestandteil der Integrität ist die Ehrlichkeit. Darunter fällt nicht nur das Postulat, anderen die Wahrheit zu sagen. Der Begriff beinhaltet auch die Forderung, sich nicht selbst zu belügen. Stets das zu sagen und zu tun, was wir denken und wovon wir überzeugt sind. Verhalten wir uns unehrlich, spüren unsere Mitmenschen das sehr schnell. Sie werden zu Recht misstrauisch, was der gemeinsamen Beziehung letztendlich das Aus bringt.

Der Grundsatz der Integrität umfasst außerdem den Begriff der Loyalität. Wer einem anderen in den Rücken fällt und Intrigen spinnt, ist ein mieser Typ. Selbst wenn man sich aus Wut spontan an jemandem rächen möchte, entschuldigt das nicht ein solches Verhalten. Zumal es ganz schnell zu einem Bumerang-Effekt kommen kann: Oder wissen Sie, was in Abwesenheit über Sie geredet wird? Bedenken Sie auch, dass Sie unter Umständen nur Mittel zum Zweck sind, um anderen Informationen zu liefern. Und glauben Sie nicht, dass man Ihnen für Ihre Indiskretion später danken wird.

Lassen Sie sich also gar nicht erst auf derartige Versuchungen ein. Bleiben Sie loyal, sowohl im Privatleben als auch im geschäftlichen Bereich. Wenn Ihre Toleranzgrenze überschritten werden sollte, haben Sie immer noch die Möglichkeit, die Beziehung zu lösen. Schließlich sind Sie nur sich selbst gegenüber verantwortlich für Ihr Tun.

An dieser Stelle sollten Sie einmal innehalten und selbstkritisch Ihre eigene Integrität unter die Lupe nehmen. Stimmen Ihre Worte und Taten stets überein? In welchen Fällen driften sie besonders häufig auseinander? Wie fühlen Sie sich dabei? Waren Sie schon einmal einem anderen gegenüber illoyal? Wie haben derjenige und andere darauf reagiert? Schließlich ist es auch interessant zu erfahren, wie Sie selbst auf das illoyale Verhalten anderer reagieren. Aus diesen Erkenntnissen, die Ihnen bei der inneren Reflexion bewusst werden, können Sie viel über sich selber lernen. Und gegebenenfalls Ihr Verhalten ändern.

„Es ist der Verrat, der geschätzt wird, nicht der Verräter."
Niccolò Machiavelli

Der Grundsatz von Dank und Entschuldigung: Das kostet Sie nur ein Lächeln

Machen wir uns nicht besser, als wir sind: Jeder wird irgendwann einmal in die Situation kommen, gegen den einen oder anderen der hier aufgeführten Grundsätze zu verstoßen. Mit der Folge, dass sich die Waagschalen verschieben. In diesem Fall sollten Sie sich immer an die Regel von Dank und Entschuldigung erinnern. Bedanken Sie sich, wenn Ihnen jemand etwas Gutes getan hat. Ganz gleich, ob es sich dabei um Kleinigkeiten oder einen großen Gefallen handelt. Und bitten Sie um Verzeihung, wenn die Waage durch Ihre Schuld aus dem Gleichgewicht gerät. Und meinen Sie es ehrlich; nur so dahin gesagt, bewirkt ein Dankeschön oder eine Entschuldigung eher das Gegenteil. Denn Ihr Gegenüber spürt Ihre Unehrlichkeit und ist enttäuscht.

„Besser ist, es gibt einen Skandal, als dass die Wahrheit zu kurz kommt."
Papst Gregor I.

Denkanstoß:
Bringen Sie Ihren Mitmenschen Respekt entgegen. Dank und Entschuldigung sind dafür wichtige Elemente.

6.6. Aktiv aufeinander zugehen – Bahn frei für die Kontaktaufnahme

Wenn es Ihnen schlecht geht und Sie in der Not einen guten Freund brauchen, ist es meist zu spät, um eine hilfreiche Beziehung aufzubauen. Deshalb warten Sie nicht, bis es brennt. Sondern schauen Sie sich beizeiten nach interessanten, wichtigen Menschen um, mit denen Sie in Kontakt treten möchten. Werden Sie aktiv. Das hat den Vorteil, dass Sie Ihr Vorhaben locker und entspannt in die Tat umsetzen können. Denn in schlechten Zeiten fällt es erfahrungsgemäß schwer, andere für die eigenen Probleme zu interessieren.

„Um Beziehungen muss man sich kümmern."
Peter E. Schumacher

Wie stellen Sie es nun am besten an, entsprechende Leute kennenzulernen? Der einfachste Weg ist, auf andere Menschen zuzugehen. Beispielsweise am Arbeitsplatz, auf Kongressen, in Klubs, auf Seminaren oder kulturellen Veranstaltungen – die Gelegenheiten, Kontakte zu knüpfen, sind schier unerschöpflich. Nehmen Sie sich fest vor, jedes Mal mit mindestens zwei Personen ins Gespräch zu kommen. Und handeln Sie danach.
Dies eröffnet Ihnen zudem die Möglichkeit, ein kleines Experiment zu starten. Schließen Sie über einen bestimmten Zeitraum – beispiels-

weise drei Wochen lang – täglich Bekanntschaft mit zwei neuen Menschen. Abends machen Sie sich den Verlauf dieses Kennenlernens jeweils noch einmal bewusst. Wie sind Sie dabei vorgegangen? Ist es auf Anhieb gut gelaufen, oder wollen Sie das nächste Mal eine andere Taktik versuchen? Was hat die neue Bekanntschaft Ihnen gebracht? Haben Sie interessante Dinge über die betreffenden Menschen erfahren? Oder war es nur ein belangloses Geplauder ohne tieferen Sinn? Wenn Sie diese Begegnungen noch einmal für sich durchspielen, sind Sie in der Lage, Ihre eigene Vorgehensweise anhand der gemachten Erfahrung zu korrigieren und zu optimieren.

Sie können es natürlich auch auf die passive Art versuchen. Dazu müssen Sie sich überlegen, was andere bewegen könnte, Bekanntschaft mit Ihnen zu schließen. Machen Sie sich objektiv Ihre Stärken klar. Sind Sie besonders attraktiv oder intelligent? Sind Sie Experte auf einem bestimmten Gebiet? Bieten Sie gute Geschäftskontakte oder kann man mit Ihnen einfach nur angenehm über alles Mögliche plaudern? Fragen Sie dazu auch gute Freunde oder Bekannte, was diese interessant an Ihnen finden und warum sie gerne ihre Zeit mit Ihnen verbringen. Was es auch sei: Bauen Sie diese Stärken aus und zeigen Sie Ihren Mitmenschen, was für Vorzüge Sie haben. Nicht, indem Sie darüber reden, sondern, indem Sie Ihre Stärken leben.

Denkanstoß:
Setzen Sie gezielt Ihre Stärken ein, um mit Menschen in Kontakt zu kommen. Denn besondere Fähigkeiten machen besonders interessant.

Darüber hinaus empfehlen wir Ihnen, sich gezielt weiterzubilden. Entwickeln Sie Ihre eigenen Interessen und werden Sie zum Fachmann auf Ihrem speziellen Gebiet. Pflegen Sie Ihren USP, damit Sie ein unverwechselbares Profil gewinnen.

Jetzt sind Sie bestens vorbereitet, um ganz gelassen die Welt auf sich zukommen zu lassen. Als Energizer werden Sie herzlich empfangen werden.

Fazit:
- Stehen Sie zu sich selbst.
- Kennen Sie Ihre Stärken und versöhnen Sie sich mit Ihren Schwächen.

- Achten Sie Ihre Mitmenschen um ihrer selbst willen.
- Bereichern Sie Ihre Beziehungen durch Zuverlässigkeit und Loyalität.
- Halten Sie sich an das Prinzip von Geben und Nehmen.
- Erweitern Sie Ihren Horizont um neue Interessengebiete.
- Gehen Sie aktiv auf andere zu. Und erhöhen Sie so die Chance, erfüllende Beziehungen aufzubauen.

Reflexion
Jetzt sind Sie dran: Denken Sie weiter

Ohne die anderen geht es nicht – und ohne Sie auch nicht. Sind Sie mit sich selbst befreundet?
Haben Sie gelernt, sich so anzunehmen, dass Sie ein *Liebes-Verhältnis* mit sich pflegen? Nur wenn Sie sich für *liebens-wert* halten, werden andere Sie würdigen können, werden andere Sie ebenso liebevoll annehmen können.

Haben Sie bisher ausreichend Beziehungspflege betrieben? Wo hapert es noch? Welche Menschen verdienen mehr Aufmerksamkeit?

Pflegen Sie Beziehungen nach dem „Nutzwert" von Menschen für Sie? Das sind keine echten Beziehungen, die von der Mitte des einen Menschen zur Mitte des anderen reichen. „Nutzwert"-Beziehungen sind Warenbeziehungen und tragen nicht lange. Hinterfragen Sie Ihre „Nutzwert"-Beziehungen und versuchen Sie, diesen Menschen echte Wertschätzung und echte Freundschaft entgegenzubringen – denn das hat jeder verdient. Sie schließlich auch.

Lassen Sie sich von anderen beflügeln. Wer sind die Energie-Vampire, wer die Energiespender in Ihrem Umfeld? Wie können Sie selbst zum Energiespender werden? Welche inneren Ressourcen können Sie dafür nutzen, ohne Kraft zu verlieren? (Er-)Leben Sie genug Freude, um Energie geben zu können?

Schaffen Sie sich ein gesundes, ausgeglichenes Arbeits- und privates Umfeld.
Gehen Sie auf andere zu – go!

7. Neue Perspektiven: Verbesserung durch Veränderung

In diesem Kapitel geben Sie Ihrem Lebensrad den letzten Schliff: Sie verpassen ihm den Antrieb. Dazu lenken Sie Ihren Blick auf die Nabe des Rades, auf Ihre Ziele und Ihre Motivation. Sie werden mit Ihren neuen Erkenntnissen über sich selbst auch andere mitreißen können. Sie werden nie aufhören, neue Wege zu finden und zu gehen.

Jetzt haben Sie die Speichen Ihres Lebensrades gründlich inspiziert und gestärkt. Es kann wieder runder laufen. Was aber gibt Ihrem Lebensrad den Impuls und die Richtung? Irgendwie müssen Sie die Kraft auf das Rad übertragen. Stellen Sie sich ein Fahrrad vor: Sie treten kräftig in die Pedale, und Ihre Kraft überträgt sich durch die Kette auf die Radnabe. Hier kommen Kraft und Energie an und geben dem ganzen Rad Schwung. Hier steckt also das, was die Bewegung auslöst – man kann es auch mit einem lateinischstämmigen Wort sagen: Ihre Motivation. „Motivare" heißt in Bewegung setzen – und Motive sind die Beweggründe, die Sie nach vorne bringen.

> „Es ist nicht gesagt, dass es besser wird, wenn es anders wird. Aber wenn es besser werden soll, muss es anders werden."
> Georg Christoph Lichtenberg

Diese Motive – weil das so nach Krimi klingt, nutzen wir hier lieber das verwandte Wort Motivatoren – sind die Begeisterungsknöpfe, die Sie drücken können, wenn Sie richtig Kraft brauchen. Und warum geht das? Weil diese Motivatoren auf Ihren innersten Werten beruhen. Den einen motiviert Geld, den anderen Freizeit, den dritten die Ehre, den vierten die Anerkennung durch andere, den fünften Spaß, den sechsten Freiheit und Unabhängigkeit – egal, was es ist: Jeder dieser Motivatoren beruht auf den Werten, die diesem Menschen im Innersten am allerwichtigsten sind. Und deswegen bewegen sie den Menschen auch, sie zu erlangen. An dieser Stelle hängen Motivatoren eng mit den Zielen zusammen. Wenn Sie sich die Ziele setzen, die wirklich Ihrem inneren Bestreben entsprechen, haben Sie auch die Motivation, die Energie und die Begeisterung, diese Ziele zu erreichen. Weil sie authentisch in Ihrem Wollen und Begehren sind.

Erinnern Sie sich noch an den Wiener Psychiater Viktor E. Frankl? Im zweiten Kapitel sind Sie ihm schon begegnet. Er sieht es so: Wenn Sie einen Grund zum Handeln haben und dieses Handeln den gewünschten Erfolg gebracht hat, dann ist es nicht wirklich der Erfolg, der Sie glücklich macht. Vielmehr beruht Ihr Glücksgefühl auf dem Grund.

Glück würden Sie nicht über Dinge empfinden, die Ihnen nicht so wichtig sind. Denen Sie keinen Sinn beimessen, die für Sie keinen Wert verkörpern.

Sie haben eine Menge Vorarbeit geleistet und sich aktiv in dieses Buch eingebracht. Sie haben Ihre bis dahin unausgeschöpfte Kraft und Energie mobilisiert und sind effizienter, kreativer und selbstbewusster geworden. Mit großem Engagement haben Sie die Weichen für die Zukunft neu gestellt. Sie haben Ihr Denken und Handeln optimiert. Damit haben Sie sich in die Lage versetzt, Ihre eigene Balance zu finden und in Harmonie mit sich selbst und den anderen Menschen zu leben. Kurzum: Ihr Leben zu meistern.

> „Eine Angewohnheit kann man nicht aus dem Fenster werfen. Man muss sie die Treppen hinunterboxen, Stufe für Stufe."
> Mark Twain

Ausschlaggebend dafür ist die Bereitschaft, eingefahrene Gleise zu verlassen. Sie trennen sich bewusst von Einstellungen, die bisher alle wichtigen Lebensbereiche gebremst haben. An die Stelle von starren Prinzipien treten flexible Verhaltensweisen, gesteuert von Ihren persönlichen Visionen und Zielen. Der Sinn, den Sie Ihrem Leben geben, ist Ihnen wieder bewusster geworden.

Schauen wir kurz zurück: Was haben Sie über sich herausgefunden? Und schauen Sie nach vorn: Wie können Sie noch mehr und Genaueres darüber erfahren, was Sie antreibt?

7.1. Gelebte Visionen: die Strategie Ihres Handelns

Äußerlichkeiten und materielle Dinge wie Geld, ein großes Haus, eine Yacht oder ein teures Auto geben uns zwar kurzfristig ein Gefühl von Glück. Dauerhaft befriedigen können sie jedoch nicht. (Sie erinnern sich: Geordnete Finanzen sind nur eine Speiche Ihres Lebensrades.) Geld ist in unserer Welt eine notwendige, aber nicht hinreichende Bedingung für dauerhafte Zufriedenheit. Dies kann nur die eigene Vision leisten, die Ihrem Leben Motivationen und Ziele liefert. Sie ist der Motor Ihres Handelns und bringt Sie dazu, aktiv zu werden. Aus Ihrem Alltag etwas Sinnvolles zu machen, anstatt müßig in den eingefahrenen Bahnen in den Tag hinein zu leben.

Ihre Visionen haben Sie im Kapitel 2 „Der Weg ins Glück: Meilensteine der Selbsterkenntnis" aufgezeichnet. Im Kapitel 4 „Das organisierte Ich: Stressfrei den Alltag bewältigen" haben Sie gelernt, Ziele konkret und praxisnah zu formulieren. Und sie so wirklich zu erreichen. Wenn Sie nun auch Ihre Motive einer genaueren Analyse unterziehen wollen, gibt es verschiedene wissenschaftlich erprobte Modelle, die Sie nutzen können. Als ein bewährtes Modell können wir die MotivationsStrukturAnalyse empfehlen. Mit ihrer Hilfe erfahren Sie, was Sie im Innersten antreibt. Wie Ihre 18 Motive strukturiert sind. Sie finden heraus, ob Sie schon jetzt am richtigen Platz im Leben stehen. Oder in welchem Bereich Sie mehr Erfolg haben könnten: Sie entdecken, was zu Ihnen passt. Und natürlich hilft die MotivationsStrukturAnalyse (MSA©) Ihnen im Berufsleben, die Motive Ihrer Mitarbeiter zu erkennen und zu verstehen und ihnen damit entgegenkommen zu können.

Denkanstoß:
Mehr zur MotivationsStrukturAnalyse (MSA©) finden Sie unter http://www.buhr-team.com/de/akademie-fuehrung-vertrieb-managementschulungen-persoenlichkeits-tools

In den vorangegangenen Kapitel und den Praxis-Übungen haben Sie sich mit den entscheidenden Fragen Ihres Daseins auseinandergesetzt: Warum gibt es mich? Was will ich erreichen? Was macht mich einzigartig? Wie will ich mit anderen umgehen und zusammenarbeiten? Die Antworten liegen bereits in Ihnen. Je mehr Sie sich mit sich selbst befassen, desto eher werden diese neuen, erstaunlichen Erkenntnisse über das eigene Ich an die Oberfläche Ihres Bewusstseins gelangen. Sie werden spüren, wie Sie sich zum Positiven verändern. Wie Sie zu einer neuen Einschätzung Ihrer Verhaltensweisen gelangen. Wie Sie sich und Ihre Schwächen akzeptieren. Wie Sie Kräfte freisetzen, um genau das zu tun, was Sie immer schon tun wollten. Und wie Sie Verantwortung für Ihr Handeln übernehmen. Einschließlich aller Konsequenzen, die sich daraus ergeben. Denn Er-Folg ist die Folge Ihres Handelns – der Erfolg folgt dem, der sich selbst folgt! Und das Handeln ist die Folge Ihres Willens. Des Willens, der sich auf Basis Ihrer Motivatoren auf ein Ziel ausrichtet.

„Betrachte einmal die Dinge von einer anderen Seite, als du sie bisher sahst; denn das heißt, ein neues Leben beginnen."
Mark Aurel

7.2. Auswirkungen auf die Umwelt: Sie übernehmen die Führung

Von Ihren sinnstiftenden Visionen, Grundüberzeugungen und Wertvorstellungen profitieren nicht nur Sie, sondern auch Ihre Mitmenschen. Wer klare, überzeugende und positive Visionen hat und sie mit dem Feuer der Begeisterung lebt, wird fast immer die Erfahrung machen, dass andere Menschen sich ihm anschließen, dass auch sie sich davon angezogen und überzeugt fühlen. Sind Sie ein Visionär, erzeugen Sie damit eine besondere, geradezu „magische" Anziehungskraft, mit der Sie auf andere einwirken. Sie erscheinen als eine Art Leitfigur. Sie wirken als Motor, setzen bei sich und Ihren Mitmenschen Energien frei und können Entscheidungen so lenken, dass diese mit Ihren Absichten übereinstimmen. Auf diese Weise geben Sie Ihrem Umfeld eine Zielvorgabe, die, im besten Sinne verstanden, allen Beteiligten Nutzen bringt.

Ihr Partner, Ihre Familie und Ihre Freunde werden sich bereitwillig an Ihnen orientieren, weil sie fühlen: Hier ist ein Mensch, mit dem man gehen kann, weil er zu seinen Überzeugungen steht und damit verlässlich und erfolgreich ist.

Das ist nicht verwunderlich! Denn Sie haben sich entschieden, ein Gewinner zu sein. Sie sagen: „Es ist schwierig, aber möglich." Im Gegensatz zum Verlierer, der von vorneherein einschränkt: „Es ist möglich, aber schwierig." Damit geht er, ohne überhaupt angefangen zu haben, von der Wahrscheinlichkeit des Scheiterns aus. Statt die Initiative zu ergreifen, zögert er. Was würde passieren, wenn ...? Seine Gedanken werden vom Konjunktiv beherrscht. Als Gewinner-Typ setzen Sie dagegen auf die optimistische Haltung, die Aufgabe zu bewältigen – selbst wenn es nicht einfach ist. Gewinner schalten das Scheitern gedanklich aus.

„Ohne Begeisterung wird nie etwas Großes zustande gebracht werden." Adolf Freiherr von Knigge

Was im privaten Leben eine unwiderstehliche Anziehungskraft auf andere Menschen ausübt, funktioniert genau so im Berufsleben. Ihre Kollegen, Ihre Mitarbeiter – auch Ihre Vorgesetzten – sind ja nun einfach Menschen. Und diese können Sie durch Ihr strategisches, visionäres Führungsverhalten immer wieder neu anregen. Sie geben ihnen Impulse. Anreize. Lust an der Arbeit. Ja, das gilt „sogar", wenn Sie „nur" Mitarbeiter sind: Ihre visionäre Selbst-Führung, Ihre Motivation, Ihre Impulskraft springt auch „nach oben" über! Glauben Sie nicht, dass der oder dem Vorgesetzten verborgen bleibt, welches Energiekraftwerk, welche Zentrale der positiven Laune und der Kraft sich bei Ihnen verbirgt.

Aber verwechseln Sie in der Verfolgung eigener Ziele nicht Motivierung und Motivation: Motivierung kommt von außen, jemand verspricht Ihnen eine Belohnung oder lobt Sie für eine Leistung. Das kann Ihnen aber immer nur kurzfristig einen Impuls für Aktivität geben. Ihre eigenen langfristigen Ziele erreichen Sie nur durch Motivation. Das ist Ihr innerer Antrieb, Ihr eigenes Wollen.

Denkanstoß:
Sieger wissen, dass sie ihre Ziele erreichen können. Dass es geht. Das einzige, was sie interessiert, ist herauszufinden, WIE es geht. Sie suchen den Pfad zum Erfolg. Können auch Sie ein Pfad-Finder sein?

7.3. Der Glaube versetzt Berge: der Anstoß für unser Tun

Was auch immer Sie sich in Zukunft vornehmen: Sie werden es im Innersten wirklich wollen. Denn dann gelingt es Ihnen, alle Widerstände von außen, aber auch Ihre eigenen Bedenken zu überwinden. Machen Sie sich jedoch bewusst, dass Ihr Wille gegenüber Ihrem Glauben machtlos ist. Wenn Wille und Glaube in den Zielen nicht deckungsgleich sind, wird stets der Wille unterliegen. Dies bedeutet: Nur das, woran wir glauben, bestimmt und steuert letztendlich unser Handeln. Gerade aus diesem Grund kommt der inneren Harmonie eine so außerordentliche Bedeutung zu. Wenn sich Ihr Leben im Gleichgewicht befindet, gehen auch Wille und Glaube konform.

Denkanstoß:
Wenn Wille und Glaube nicht konform sind, wird immer der Glaube siegen. Aus diesem Grund bestimmt er in letzter Konsequenz stets das menschliche Handeln.

Um Ihre Pläne tatsächlich erfolgreich zu realisieren, sollten Sie zwei weiteren Aspekten besondere Aufmerksamkeit widmen: Ausdauer und Konstanz. Setzen Sie sich bei der Verfolgung Ihrer verschiedenen Ziele jeweils einen Zeitrahmen, in dem Sie das betreffende Vorhaben umsetzen wollen. So fällt es leichter, beharrlich bei der Sache zu bleiben. Und: Überprüfen Sie kontinuierlich Effektivität und Effizienz Ihrer Aktivitäten. Denn es reicht nicht aus, die Dinge richtig zu tun. Sie müssen auch die richtigen Dinge tun.

Eine unendliche Geschichte: Ihre Mission hört niemals auf

„Das nächste Ziel mit Lust und Freude und aller Kraft zu verfolgen, ist der einzige Weg, das Fernste zu erreichen", erkannte schon Friedrich Hebbel. Der Extrembergsteiger Thomas Bubendorfer meint das Gleiche, wenn er sagt: „Das erreichte Ziel wird zum Ausgangspunkt." Oder Sepp Herberger, als er zu der vielzitierten Erkenntnis gelangte: „Das nächste Spiel ist immer das schwerste."
Praktisch heißt das nichts anderes, als dass Sie mit Ihrer Lebensaufgabe niemals fertig werden. Und ist das nicht auch gut so? Wäre es nicht schrecklich langweilig, der Routine zu erliegen und keine Ziele mehr zu haben?

Also: Werden Sie nicht müde, Pläne zu schmieden und etwas Neues für die nähere oder weitere Zukunft ins Auge zu fassen. Es gibt noch viele Visionen, die Sie versteckt in Ihrem Unterbewusstsein gespeichert haben. Diese Vorstellungen streben nach Verwirklichung. Es müssen nicht immer großartige Projekte sein. Oft beinhaltet eine Vision lediglich den Wunsch, auf die eine oder andere Weise Spaß zu haben. Ein legitimer Wunsch, der es verdient, erfüllt zu werden. Spaß ist ein Faktor, der als Instrument zur Meisterung des Lebens nicht unterschätzt werden sollte. Deshalb sperren Sie Ihre Spaß-Vision nicht ein, sondern geben Sie ihr genügend Raum.

Wichtig für Ihre innere Zufriedenheit sind konkrete Zielsetzungen. In einer Studie, die 1953 an der Universität Yale in den Vereinigten Staaten durchgeführt wurde, gaben drei Prozent aller Abgänger klare, eindeutige und langfristige Ziele an. 20 Jahre später wurden dieselben Menschen noch einmal befragt. Das Ergebnis war beeindruckend. Die 3 Prozent mit den klaren Zielen gaben an, dass sie zufriedener waren als die anderen 97 Prozent. Und tatsächlich lag bei ihnen die Scheidungsquote niedriger, sie waren weniger krank als die anderen und verfügten über 95 Prozent des Vermögens, das in der Zwischenzeit von allen Studienabgängern erwirtschaftet worden war.

Denkanstoß:
Konkrete Ziele sind wichtig. Sie ziehen Sie an, lenken Ihr Leben in die richtige Richtung und führen Sie zum Erfolg. Ziele tragen die Kraft zu ihrer Erreichung in sich. Nehmen Sie sich diese Kraft!

7.4. Aufgeben und Gewinnen: Alles hat seinen Preis

Etwas möchten wir Ihnen noch mit auf den Weg geben: Denken Sie daran, dass Sie nichts umsonst bekommen. Wenn Sie ein Ziel erreichen möchten, ist dies immer auch mit einem Preis verbunden. Sie werden sich beispielsweise von liebgewordenen Gewohnheiten verabschieden müssen und Ihr bisheriges Verhalten ändern. Dabei ist es möglich, dass sich hier und da Negativ-Effekte einstellen.

Doch dies sollte Sie nicht beirren. Denn für das, was Sie aufgeben, bekommen Sie im Gegenzug etwas anderes. Eine vielleicht besser dotierte Arbeitsstelle, neue Kontakte mit interessanten Menschen, eine schlanke Figur, gesunde Vitalität, Ordnung in den Finanzen oder was immer Sie sich vorgenommen haben.

Machen Sie sich auch klar, was in Ihrem bisherigen Leben gut war und was Sie davon in Ihre Zukunft übernehmen möchten. Und überlegen Sie sich genau, wo und wann Sie Ihr optimiertes Verhalten sinnvoll und gewinnbringend einsetzen. Dann können Sie bald die Früchte Ihrer Anstrengungen genießen.

Und bedenken Sie stets: Was im Moment gut läuft, kann morgen schon wieder aus der Spur geraten. Nämlich dann, wenn Sie Ihr Lebensrad einfach so dahinrollen lassen, ohne es zu lenken und ihm immer wieder neuen Schwung zu verpassen. Für den Augenblick haben Sie einen großen Schritt getan, doch der Weg geht weiter. Halten Sie an Ihrem neuen Denken und Handeln fest, damit Sie auch in Zukunft Ihr Leben meistern. Greifen Sie ruhig immer wieder auf dieses Buch zurück.

> „Wer seinem Stern folgt, kehre nicht um."
> Leonardo da Vinci

Darüber hinaus sollten Sie immer wieder etwas für sich tun. Lesen Sie Bücher über Themen, die Neuland für Sie sind, Sie inspirieren und auf kreative Gedanken bringen. Nutzen Sie die langen Autofahrten mit Audiokassetten, statt sich immer nur die aktuellen Katastrophenmeldungen im Radio anzuhören. Und besuchen Sie Seminare! Beispielsweise bei uns an der Buhr & Team Akademie für Führung und Vertrieb in Düsseldorf, wo Sie Ihr Wissen über die Kunst, das Leben zu meistern, gezielt ausbauen können. Suchen Sie den anregenden direkten Austausch mit interessanten Menschen und guten Vorbildern. Denn nirgends sonst sind Sie in Ihrem Lernprozess so nah an der realen Umsetzung erfolgreicher Denkmuster und Handlungsweisen.

Denkanstoß:
Ihr Lebensrad braucht von Zeit zu Zeit eine Inspektion. Überprüfen Sie immer wieder, ob alle Speichen gleichstark sind. Halten Sie Balance.

Haben Sie bei alledem Geduld mit sich. Gehen Sie sorgsam mit sich um. Auch Gott hat immerhin sieben Tage gebraucht, um die Welt zu erschaffen. Erwarten Sie also nicht, mit der Erschaffung Ihrer neuen, ganz persönlichen Welt schneller zu sein.

Suchen Sie sich aus all den Ratschlägen und Empfehlungen in diesem Buch diejenigen heraus, die für Sie jetzt und hier richtig sind. Wenn Sie dann immer einen nach dem anderen umsetzen, können Sie an Ihrem Erfolg nicht mehr vorbei gehen.

Fazit:
- Tun Sie nur das, wovon Sie wirklich überzeugt sind.
- Entwickeln Sie aus Ihrer Vision konkrete Ziele.
- Setzen Sie sich immer wieder neue Ziele.
- Fangen Sie beherzt und jetzt an. Geben Sie niemals auf. Bleiben Sie am Ball.
- Bedenken Sie, dass es nichts umsonst gibt. Aber auch, dass Sie für alles, was Sie aufgeben, etwas Neues erhalten.
- Bauen Sie Ihr Wissen über die Kunst, das Leben zu meistern, kontinuierlich aus.

Reflexion
Jetzt sind Sie dran: Denken Sie weiter

Sehen Sie kurz zurück: Wo standen Sie, bevor Sie mit diesem Buch begannen? Welche Veränderungen im Denken und Handeln haben Sie erreicht?

Was wollen Sie als Nächstes erforschen?

Haben Sie sich wirklich damit auseinandergesetzt, was Sie „im Innersten antreibt"? Das sind die Werte, an die Sie wirklich glauben. Machen Sie es sich zur Regel, die Werte-Arbeit spätestens alle zwei Jahre zu wiederholen. Denn Ihre Werte ändern sich im Laufe Ihres Lebens mit den Umständen und den Erfahrungen. Auf den Werten aber basieren Ihre Motivatoren.

Haben Sie Ihre Motivatoren richtig erkannt? Wie halten Sie Ihre eigene Motivation hoch?

Welche Hilfen werden Sie sich holen? Wie werden Sie dafür sorgen, dass Ihre Mitmenschen mit Ihnen gehen? Hören Sie nie auf, neue Wege zu finden und zu gehen.
Halten Sie Ihr Lebensrad in Balance. Lenken Sie es und lassen Sie es rollen – go!

Weiterführende Literatur

Blanchard, Ken: Full Steam Ahead – volle Kraft voraus! Die Kraft der Visionen. GABAL, Offenbach 2004

Bauer, Joachim: Das Gedächtnis des Körpers: Wie Beziehungen und Lebensstile unsere Gene steuern. Piper, München 2013

Bauer, Joachim: Selbststeuerung: Die Wiederentdeckung des freien Willens. Karl Blessing Verlag, 2015

Buhr, Andreas: „Führungsprinzipien. Worauf es bei Führung wirklich ankommt", Gabal, Offenbach 2016

Buhr, Andreas: „Machen statt meckern! Die 10 Prinzipien der ©lean leadership: Erfolgreich auf dem Weg zur Spitze"; go! LiveVerlag, Düsseldorf 2015

Buhr, Andreas: Die Umsatz-Maschine. Wie Sie mit VertriebsIntelligenz® Umsätze steigern. Gabal, Offenbach 3. Auflage, 2006

Buhr, Andreas: Führung im Vertrieb. 7 Schritte zur einfachen Vertriebsführung. IP, 2014

Buhr, Andreas: Vertrieb geht heute anders. Wie Sie den Kunden 3.0 begeistern. Gabal, Offenbach 6. Auflage, 2011

Christiani, Alexander / Scheelen, Frank M.: Stärken stärken. Talente entdecken, entwickeln und einsetzen. Redline Wirtschaft, München 2008; überarbeitete Auflage 2013

Covey, Stephen R.: Die 7 Wege zur Effektivität: Prinzipien für persönlichen und beruflichen Erfolg, Gabal, Offenbach 10. Auflage, 2005

Deutsche Gesellschaft für Ernährung e. V. (Hrsg.): „Ernährungsbericht 2004", unveränderter Nachdruck, Bonn 2006 und „12. Ernährungsbericht 2012", Bonn 2016 (dok. und anzufordern unter www.dge-medienservice.de)

Deutsche Gesellschaft für Ernährung e. V. (Hrsg.): Die Dreidimensionale DGE-Lebensmittelpyramide. Fachinformation für die Ernährungs-

beratung, Bonn 2016
(dok. und anzufordern unter www.dge-medienservice.de)

Enkelmann, Nikolaus B.: Mit Freude erfolgreich sein. Motivieren – Begeistern - Überzeugen. Arbeitsbuch zur Persönlichkeitsbildung. MVG, Frankfurt/Main 2000

Fisher, R.; Ury, W.; Patton, B.: Das Harvard Konzept. Campus, Frankfurt am Main, New York 2003; aktuell als: Fisher, R.; Ury, W.; Patton, B.: Das Harvard-Konzept: Die unschlagbare Methode für beste Verhandlungsergebnisse. Campus, Frankfurt 2015

Frankl, Viktor E.: Der Mensch vor der Frage nach dem Sinn. Eine Auswahl aus dem Gesamtwerk. Piper, München 2010

Gierke, Christiane: Das ist ja´ne Marke! Bekannter, beliebter und erfolgreicher mit Persönlichkeitsmarketing. Gabal, Offenbach 2010

Hauner, D.; Hauner, H.: Leichter durchs Leben. Trias Verlag, Stuttgart 2002

Heseker, H.; Heseker, B.: Die aktuelle Umschau Nährwert- und Kalorientabelle. Umschau Verlag, 3., korrigierte Auflage, Neustadt/Weinstraße 2005

Ikeda, Daisaku: Der Buddha lebt. Nymphenburger, München 2001

Kasper, H.; Wild, M.; Burghard, W.: Ernährungsmedizin und Diätetik. Urban & Fischer Bei Elsevier, 10., neubearb. Auflage, München/Jena 2004

Konopka, P.: Sporternährung. BLV Verlagsgesellschaft mbH, 10., neubearb. Auflage, München 2006

Kostolany, André: Die Kunst, über Geld nachzudenken. Ullstein, Berlin 2007

Malik, Fredmund: Führen Leisten Leben. Heyne 2003

Müller, Wolfgang / Bednarek, Joachim: Kommunikation. In: StartUp in den Job. VDE Verlag, Berlin und Offenbach 2006, S. 255–311

Müller, Wolfgang / Bednarek, Joachim: Präsentation. In: StartUp in den Job. VDE Verlag, Berlin und Offenbach 2006, S. 313–365

Seiwert, Lothar: Die Bären-Strategie: In der Ruhe liegt die Kraft. Ariston/Hugendubel, München 2005

Seiwert, Lothar: Noch mehr Zeit für das Wesentliche. Zeitmanagement neu entdecken. Ariston/Hugendubel, München 2006

Seiwert, Lothar: Das 1x1 des Zeitmanagement: Zeiteinteilung, Selbstbestimmung, Lebensbalance. Gräfe und Unzer, München 2014

Sprenger, Reinhard K.: Mythos Motivation. Campus, Frankfurt am Main, New York 1996

Tepperwein, Klaus: Superintuition. Mod. Verlagsgesellschaft, München 2002

Verra, Stefan: Hey, dein Körper spricht! Worum es bei Körpersprache wirklich geht. Edel Germany, Hamburg 2015

Watzlawick, Paul: Wie wirklich ist die Wirklichkeit? Piper, München 2001

Watzlawick, Paul: Anleitung zum Unglücklichsein. Piper, München 1988

Weber, Hannelore / Rammsayer, Thomas: Handbuch der Persönlichkeitspsychologie und Differentiellen Psychologie. Hogrefe, Göttingen 2005

Danksagung

Ein Buch ist mehr als nur das Werk von Autoren. Es kann nur durch die großartige Unterstützung vieler lieber Menschen entstehen.

Von Herzen Danke sagen möchte ich, Andreas Buhr, meinem Team: Elke, Kordula, Krischan, Marion, Nadine, Rebecca, Sebastian, Simon, Tim und Yasemin, die dafür sorgen, dass „der Laden läuft" und mir den Rücken freihalten.

Schließlich gebührt noch Dank all jenen hier nicht genannten Menschen, die uns auf unserem Lebensweg begleiten, unterstützen und inspirieren.

Und Ihnen, liebe Leserin, lieber Leser, danke ich für Ihr Feedback und jede Anregung; gerne auch in meinem Blog oder auf Facebook!

Sie erreichen uns unter:

Buhr & Team Akademie für Führung und Vertrieb AG
Grafenberger Allee 115–117, 40237 Düsseldorf
Fon 0211 – 9 66 66 45, Fax 0211 – 9 66 66 52
info@buhr-team.com
www.buhr-team.com
www.andreas-buhr.com

Weitere Impulse für Ihren wirtschaftlichen Erfolg:

Buhr, Andreas
Führungsprinzipien: Worauf es bei Führung wirklich ankommt
Führung ist komplex – aber der Motor jeder unternehmerischen Entwicklung. Umso wichtiger sind Prinzipien, die Ihnen für jegliche Entscheidung ein solides Fundament bieten. Die zehn wichtigsten Führungsprinzipien bringt Erfolgsautor Andreas Buhr in seinem neuen Praxisratgeber auf den Punkt. Schnörkellos, als Fazit seiner über 30-jährigen Führungserfahrung, mit vielen Tipps und Übungen. Auch als E-Book für Kindle!

Gebundene Ausgabe
GABAL Verlag, 2016
ISBN: 978-3-869367026
EUR 19,90

Machen statt meckern!
Die 10 Prinzipien der ©lean leadership: Erfolgreich auf dem Weg zur Spitze
Andreas Buhr, der Experte für Führung und Vertrieb, stellt in seinem neuen Buch klar, wie wichtig Motivation und Werte wie Zuverlässigkeit, Authentizität und Nachhaltigkeit sind. Denn sie sind die Basis für ©lean leadership, also wert-volle, saubere Führung – und ohne diese Führung läuft alles aus dem Ruder! Mit lockerer Schreibe und anschaulichen Beispielen gibt Andreas Buhr seine langjährige Erfahrung als Unternehmer, Key Note Speaker und Coach an Sie weiter und zeigt u. a. auf, warum Sie selbst erfolgreich sein werden, wenn Sie Ihre Mitarbeiter erfolgreich machen.

Gebundene Ausgabe
go! Live Verlag, 2015,
3. Aufl., 172 Seiten
ISBN: 978-3-981216196
EUR 19,95

Buhr, Andreas
Führung im Vertrieb.
7 Schritte zur einfachen Vertriebsführung
Sie waren jahrelang selbst an der Vertriebsfront erfolgreich – und nun sollen Sie als Vertriebsleiter die Mannschaftsführung übernehmen? Als Unternehmer wollen Sie mehr als nur ein Wörtchen beim Vertrieb mitreden? „Führung im Vertrieb" liefert eine komplette, auf das Wesentliche fokussierte Übersicht über den richtigen Aufbau und die gute Führung einer Vertriebsstruktur.

Gebundene Ausgabe
IP Verlag, 2014, 2. Aufl.
256 Seiten
viele Grafiken/Formulare,
mit direkter kostenfreier
Downloadmöglichkeit
ISBN: 978-3-981274943
EUR 19,90

Buhr, Andreas
Vertrieb geht heute anders.
Wie Sie den Kunden 3.0 begeistern
Bereits in der 6. Auflage ist „Vertrieb geht heute anders" ein absoluter Bestseller bei GABAL. Im Buch und im Hörbuch steht der neue, kritische Kunde 3.0 mit seinen Anforderungen und Wünschen im Zentrum – und wie Sie als Unternehmer oder Vertriebsmitarbeiter ihn begeistern können.

Auch in Russland und Taiwan erschienen!

Gebundene Ausgabe
GABAL Verlag, 6. Aufl.
ISBN: 978-3-869362304
EUR 29,90

Hörbuch
GABAL Verlag
6 CDs im Case
ASIN: B00H8X2JJW
EUR 39,90

auch als Hörbuch-Download bei Amazon
EUR 26,02

Buhr, Andreas
Vertrieb geht heute anders – fünf Regeln für den Vertrieb 24/7
Sichern Sie sich das kostenlose, 24-seitige E-Book! Mit den fünf Regeln erfahren Sie, wie Sie als Händler, Unternehmer, Makler, Berater oder Verkäufer Ihren Kunden online und offline noch finden und ihm auf jedem Kanal das Passende bieten. Einfach downloaden!

E-Book
go! LiveVerlag, 2015
www.go-live-verlag.com
GRATIS

Buhr, Andreas
Die Umsatz-Maschine.
Wie Sie mit VertriebsIntelligenz® Umsätze steigern
Es gibt nur eine Handvoll Parameter, an denen ein Unternehmen „schrauben" kann, um im Wettbewerb zu bestehen. Wenn der Weg nicht heißt: Massenentlassungen, Billigst-Preis-Ideologie, Investitionsstopp, dann gibt es nur eines: Die Umsätze müssen rauf. Es gibt Unternehmen, die wahre Umsatz-Maschinen sind. Dieses Buch zeigt ihre Erfolgsgesetze.

Gebundene Ausgabe
GABAL Verlag , 3. Aufl.
250 Seiten
Erschienen: 2006
ISBN: 978-3-897496316
EUR 24,90

auch als Hörbuch,
erschienen im GABAL Verlag

Buhr, Andreas (Hrsg.)
Training ist der Erfolg von morgen. So bringen Sie Ihr Unternehmen voran
Unternehmen, die in diesen turbulenten Zeiten langfristig erfolgreich sein wollen, setzen auf Training und sind fokussiert auf kompetente, motivierte Mitarbeiter.
In diesem Buch verraten renommierte Experten und die erfahrenen, internationalen Trainerinnen und Trainer der Buhr & Team Akademie AG viele Tools und Strategien, damit Unternehmer und Führungskräfte Veränderungen und Herausforderungen meistern und so den Grundstein für Erfolge von morgen legen.

Hardcover mit Umschlag
go! LiveVerlag, 2016
ISBN: 978-3-981822007
EUR 19,90

Buhr, Andreas
Erfolgsfaktor hybride Beratung. Wie Sie den Kunden 3.0 nachhaltig begeistern
Auf die neuen Kunden 3.0 müssen auch Versicherungs- und Finanzdienstleister eingestellt sein, denn in naher Zukunft werden auch Lebens- und Berufsunfähigkeitsversicherungen sowie andere Versicherungsprodukte vorwiegend auf hybridem Wege abgeschlossen!

Broschiert
Wolters Kluwer
Deutschland, 2015
100 Seiten
ISBN: 978-3-896994752
EUR 10,60

Buhr, Andreas
Finanzvertrieb geht heute anders
Neue Wege für erfolgreiche Vermittler
Finanzprodukte sind weiterhin Vertrauenssache! Das hat sich auch in Zeiten hybrider Beratung nicht geändert – im Gegenteil! Neu sind allerdings die Kommunikationswege und die Anforderungen, die Ihre Kunden an Sie stellen. Top-Referent Andreas Buhr, Experte für Führung im Vertrieb, zeigt, wie Sie weiterhin für Ihre Produkte begeistern können.

Broschiert
Wolters Kluwer
Deutschland, 2013
96 Seiten
ISBN: 987-3-896994363
EUR 6,95

Buhr, Andreas
Vermittler trifft Kunde.
Strategien für ein typgerechtes
Verkaufsgespräch
In diesem praktischen kleinen Handbuch zeigt
Andreas Buhr als der Experte für Führung im
Vertrieb aus seiner langjährigen Branchener-
fahrung Strategien auf, wie sich Vertriebsmit-
arbeiter schnell auf die Persönlichkeit jedes
einzelnen Interessenten einstellen und durch
die richtige und individuell passende Produkt-
Präsentation positive Gefühle beim Kunden
auslösen können. Die quasi natürliche Folge:
Steigerung des Vertriebserfolgs.

Taschenbuch
LexisNexis, 2010
72 Seiten
ISBN: 978-3-896994042

EUR 6,96

Das Magazin für Business & Bildung
Das Magazin für Business & Bildung bringt seit
Jahren spannende Storys aus Wirtschaft und
Wissenschaft, Interviews mit Persönlichkeiten,
die wirklich was bewegen und Hintergrund-
wissen renommierter Wirtschaftsführer,
Vortragsredner, Autoren und Unternehmer.

Magazin
ISSN: 219332812901221
Pro Ausgabe im
Abonnement

EUR 6,00

GRATIS für Käufer von
„go! Die Kunst das
Leben zu meistern" – als
**Online-Magazin und
PDF-Zeitschrift**

Unternehmenstrainings & Train-the-Trainer-Ausbildungen
- die bekannten Train-the-Trainer-Ausbildungsprogramme (TTT)
- 3.0 Inhouse Akademie zu allen Aspekten von Führung und Vertrieb (für Unternehmen buchbar)
- Erfolgs-Seminare wie „Führung im Vertrieb" und „Vertrieb geht heute anders"
- die großen Foren der SALESLEADERS
- mitreißende Vorträge und Keynotes von Andreas Buhr
- offene Seminare zu Führung und Vertrieb

... all das finden Sie direkt bei der
Buhr & Team Akademie für Führung und Vertrieb:
info@buhr-team.com oder Tel.: 0211 – 9 66 66 45
Lassen Sie sich einfach unverbindlich sowie kostenfrei beraten!

Top-Angebote im Onlineshop
Immer neue Angebote – schauen Sie hier rein:
http://shop.buhr-team.com/